社員10人の会社の
1人当たり
経常利益
倍増
ノート

経営コンサルタント・税理士 曲渕博史 Hiroshi Magaribuchi

あさ出版

はじめに

税理士として私はこれまで、20年以上にわたってたくさんの社長とお会いしてきました。そして、ほとんどの中小企業は、お金や人材、将来について日々悩みながらも会社を守るため、懸命に働いています。

そうした社長の悩みでもっとも切実なのは、「どうしたら資金繰りが楽になるか？」です。資金繰りを少しでも楽にするため、社長は銀行の融資交渉や税金対策を私たちに相談されます。

ところが、そうやって資金繰りをお手伝いし少し楽になったはずの会社へ1、2年経って伺うと、ほとんどの場合、また同じような状態に戻ってしまっています。

「いくら目先のお金をどうにかしても、結局は同じことの繰り返しでまた資金繰りに窮してしまう。これは、根本的に経営を見直さないとダメだ」

そこに気づいたことから私は、経営に関する勉強をスタートしました。

通常、税理士がクライアント企業に経営の根幹に関するアドバイスをするようなことはあまりありません。たとえば、新規店を出店する時のアドバイスでも、銀行からいくら資金調達できるかという程度でしょう。熱心な税理士なら、売上や経費、利益予想を出して返済計画まで出してくれるかもしれませんが、せいぜいそこまでです。

一方、中小企業の社長の方には、自社の経営について相談できる相手が意外にいません。銀行は自行の利益が最優先ですし、経営コンサルタントを頼むにはそれなりのお金がかかります。地域の商工会議所も、毎月相談に行くわけにいかないでしょう。

同業の知人に相談することもあるでしょうが、ライバル企業に経営のすべてを教えてくれることはないでしょう。ですから、クライアント会社の数字を毎月見ている税理士が、経営に関する助言をできたほうが良いと考え、私は行動に移したのです。

中小企業にぴったりの理論

さまざまな経営理論・戦略の勉強会に首を突っ込みましたが、その多くは大手企業が対象で、私の応援したい、社員数10人くらいの中小企業の経営改善策としては、しっくりきませんでした。たとえば、「今後のＩＴは」とか「世界のトレンドは」などと教わっても、中小企業にとってはあまり関係ありません。かえって、中小企業ならではの強みを消してしまう、そう思えたのです。

何か良い手段はないかと探している時に出会ったのが、中小企業の経営改善に絞った勉強会でした。一般的な経営論とはだいぶ違っていましたが、中小・零細企業の特性をよく考えた実践的な内容で、「これはいける」と直感したことを覚えています。

実際、この勉強会に定期的に参加しながら少しずつ知識を身に付け、得た知識をクライアントの社長にぶつけてみると、勉強した内容がピタッ、ピタッと合っていて、理論が正しかったと実感することが多々あったのです。

「これはいける」という確信は、日に日に強くなっていきました。

●利益倍増のため、4つの戦略を考え、振り返る

本書でご紹介するのは、これまで私が数々のクライアント企業（ここでは社名を伏せていますが）にアドバイスし、実際に利益を倍増させてきた内容です。しかもタイトルの通り10人前後の中小企業がターゲットとなっています。

「10人」という数字には、意味があります。社員数が30人規模になると、社長は現場に立たず経営のことを集中して考える時間が生まれます。しかし、10人前後の会社では、社長は頭も体もフルに使わなくてはなりません。現場でへとへとになるまで働い

ポイント

中小企業には、中小企業の戦い方がある。
このことをきちんと理解している人は実は意外と少ない。

て帰宅しても、「今日1日よく働いた」とビールをあおって寝てしまうわけにはいきません。社長が頭を使うべきは、会社の実力を端的に示す「経常利益」がきちんと上がるように会社の方向性を決めることです。

目指すべき指標は、まず業界平均の倍の「1人当たり経常利益額」をお勧めします。一般的には経常利益「率」で会社の基礎体力を測ることが多いのですが、社長が業界や規模に関係なく比較検討するために、ここでは経常利益「額」としました。また、業界平均の倍になれば市場競争において確実に有利になります。

1人当たり経常利益を業界の倍にするために考えるべきは、経営戦略です。本書では、**「何を」「どこで」「誰に」「どう売るか」**の4つに絞っています。実際、この4つがピタリとマッチすれば、驚くほど会社の利益がアップします。

資金も人材も少ない中小企業は、経営戦略を常に考えていく必要があります。そしてその戦略が正しかったかどうかを振り返り、先に生かすことも同じくらい大切です。

本書が、考え、振り返る習慣づくりのきっかけになれば幸いです。

2018年10月

著者

※会社の方向性を決める

そのためにできることは、『考えること』。

中小企業のとるべき戦略

大手企業と真逆の戦略で
市場シェアをとり、**１人当たり経常利益**を
業界平均よりも**倍増**させる

【市場シェアを重視する理由】
・市場占有率 26%以上
・２位に 10 対６以上の差
この条件で市場１位になると、
２位の３～４倍の利益が得られる
→　**効率良く利益が上がる**

【１人当たり経常利益を重視する理由】
経常利益をみれば、儲ける力がわかり、それを全従業員数で割れば、企業規模に関係なく数字で比較できる
→　**自社の立ち位置がわかる**

誰に（第4章）

狙う業界・客層を絞り込む

どう売るか（第4章）

・市場規模の小さな営業ルート、小さな市場に接近戦で！
・直接販売を重視

まず**１人当たり経常利益**の（業界平均）**倍増**を目指す
↓
次の市場へチャレンジしていく

４つそろって優位になれば１人当たり経常利益も飛躍的にアップ

日々の勉強（第6章）

を継続し自社の実力をアップさせる

「社員 10 人の会社」ならではの戦い方をとろう

大手企業の戦略

・大きな資本力で多種多様な大衆向け商品を作る
・大都市を中心に広域をターゲットにする
・市場規模の大きな業界を重視する
・卸会社などを使った間接販売を行う
・資本にモノをいわせてマス広告をどんどん打つ

中小企業がマネをしようとしても、すぐに資金が尽きてしまう

中小企業の経営者の仕事

会社が効率良く利益を上げるために、下記４つの事項について戦略を練り、方針を決定し実行に移すこと

何を（第3章）
・種類を絞る
・特化して差別化する

どこで（第4章）
・狭域戦、小さい市場
・大手の狙わない場所

まずは、4つのうち1つでも市場で優位になれるよう工夫し、1つずつ優位性を増やしていく

市場シェアを少しでも上げることを意識し
↓
先々では**圧倒的ナンバーワン**をとり

事例を学び（第5章）
イメージをつくる

第1章 社員10人の会社が業績を良くするための心構え

第2章 業績を良くするために守ってもらいたいこと

第3章 まずは最大要因「何を」から考える

第4章 次に「どこで」「誰に」「どう売るか」を決める

第5章 事例でみる 中小企業の経営戦略

第6章　日々の勉強の継続が実力アップには不可欠

第1章

社員10人の会社が業績を良くするための心構え

本章のポイント

- ☑ 経営資源に限りのある10人規模の会社が大手と同じことをしても勝つのは難しい。それを意識し、中小企業が勝てる方法を探る

- ☑ やみくもに働いても、その努力が報われることはほとんどない。10人規模の会社の経営者は、効率的に稼ぐための哲学を持つ

- ☑ 経営を良くするには、業界平均の倍も稼ぐ必要がある。だからこそ、中小企業ならではの戦略=「弱者の戦略」が必要になる

- ☑ 売上金額ばかり気にするのではなく、「1人当たり経常利益」を最優先の指標にすべき

大手企業と同じことを
やっていませんか？
日々の業務を
懸命にやっていれば
いつか経営が楽になると
思っていませんか？

01 中小企業には中小企業の戦い方がある

●伸びない会社とぐんぐん成長する会社との違いは何か

私は税理士として、日々真面目に仕事と向き合う経営者の方を、金銭面で少しでもサポートしたいという思いでお付き合いしています。サポートする会社のほとんどは、売上高1～3億円、従業員数10～20人くらいの中小企業です。

多くの中小企業経営者の方は、皆さん真剣に仕事に取り組んでいますが、どれだけ懸命に働いても「楽にならない」「なかなか業績が上がらない」と悩んでいます。

ところが、同じ中小企業でも、ぐんぐん業績を伸ばしているところも、実際にはあります。たとえば、弊社が創業したころからお付き合いのある、Sという東京都中央区の不動産屋さんです。

そのS社は当初、都心にある20坪ほどのオフィスを借りて、社長と奥さん、2人の営業マンで切り盛りしていました。収入源は主に、オフィスの賃貸仲介料です。といっても、大手不動産会社のような何百坪単位の物件ではなく、個人オーナーが持つ10坪、20坪クラスの物件がメインでした。

私とお付き合いのある他の中小企業と同規模の小さな会社でしたが、他社とは大きく違った点が2つありました。それは、顧客に徹底して密着した営業をしていたこと、そして営業エリアを絞り込んでいたことです。

●大手が手を出さないテナントを収入源に

中央区の一角を営業エリアに設定して、その範囲内にいる、個人で賃貸物件を持つオーナーの人たちに隅から隅までくまなく営業をかけ、物件を任せてもらうようにお願いしていきました。営業エリアを限定したことで、まめに足を運ぶことができるようになり、まめに足を運んで密な人間関係をつくったことで、短期間のうちに個人オーナーたちの信頼を獲得していったのです。

個人所有の小規模物件は、実はそれほど実入りの良い収入源ではありません。それでもS社がそこにターゲットを絞ったのは、大手不動産会社はあえてここを攻めてこないという計算があったからです。

大手不動産会社にはもちろん、優秀な人材がたくさんいます。会社としての実績もあり信頼度も高いことから、中小の不動産会社がまともに戦っても、とても太刀打ちできません。

しかし、大手不動産会社は、小規模物件の賃貸仲介には直接タッチしません。なぜなら、契約を成立させて入ってくる手数料が小さく効率が悪いからです。高学歴の人材に支払う給与に見合わないので、むしろ避ける傾向にあるといっていいでしょう。

そういう計算から、あえて小規模物件をターゲットにしたわけです。

「顧客密着」と「エリア限定」以外でも、他の中小企業と違った点がありました。それは、営業時間が長かったということです。

S社は、一般の会社の始業時間よりも早くに全員が出社して、自社の前だけでなく、周辺のビルの前まで掃除をしていたそうです。

　このような働きぶりを3～4年続けていたところ、小規模テナントを扱う不動産会社のなかではエリアでのシェアナンバーワンになり、5年くらいで経常利益も数十倍になっていました。

●伸びる会社には哲学がある

　この事例を読んで、極端な例だなと思われる方もいるかもしれません。しかし、業績を伸ばす中小企業はいずれも、一定の理屈や理論、哲学を持って経営を行っていました。そしてその理論は、中小企業ならでは、のものだったのです。たとえば、先ほどのS社の場合は、**「攻めるエリアは狭く・深く」**をポリシーにしていました。

　言い換えれば、理論や理屈なく、やみくもに働いても、その努力が報われることは滅多にないということです。

　本書では、中小企業の経営者の方々が、利益をアップさせるために何をやるべきかを解説していきますが、まず心に刻んでいただきたいのは、何より戦い方（戦略）が大切であり、戦略を練る時間をつくることが肝心だということです。

ポイント

戦い方の基本は、戦わずにして勝つ。勝ち易きに勝つ。

02
経営課題には根本的な解決策が必要

●売上より「粗利益」を意識すべき

中小企業の経営者の方にとっての悩みでもっとも大きいのは、売上が伸びないこと、資金繰りがなかなか楽にならないことではないかと思います。売上が伸びないという悩みが大きいのは、それだけ**売上の数字が頭の中を占めている**からです。

しかし、会社経営にとって大事なのは、売上よりも利益、特に**粗利益（粗利）**です。会社にいくらの利益が残るかが重要なのです。いくら売上の金額が大きくても、人件費や家賃などの経費でなくなってしまえば利益は残りません。その、経費をまかなう元手が粗利益なのです。

ところが、多くの場合、「売上が伸びないな」と悩み、ふいに売上が伸びると安心して、そこで思考は停止してしまいます。決算時くらいは粗利益を意識したとしても、経営者の頭にある毎月の数字は、売上なのです。

粗利益のとれる商品・サービスであれば、売上を伸ばしていけばいいだけです。また、原価がほとんどない業種であれば、売上がほとんどそのまま利益になるので、あまり粗利益を意識しなくてもいいでしょう。

問題は、モノを仕入れて売るような会社です。特に、卸売業の場合は、大きな金額を扱っていても、実際は少ない粗利益のなかで運営していて資金繰りが厳しいという会社が多いものです。業種によっては、「売上ではなく粗利益が大事」という意識改革から始めなければならないと心得てください。

●目先の資金繰りに熟達しても経営は楽にならない

資金繰りがなかなか楽にならないと悩んでいる経営者の方の多くは、目先の資金調達のことばかり考えがちです。

もちろん、目先の資金が足りず会社が立ち行かなくなりそうなら、当座の資金繰りをなんとかしなければなりません。

しかし、目先の資金繰りばかり考え、調達方法を一生懸命に研究しても、対症療法にしかなりません。逆に、そこのスキルばかり熟達すると、「お金に困ってもなんとか対処できる」と安心して、根本的な解決策を考えなくなってしまいます。

資金繰りの問題を根本的に解決するなら、当たり前の話ですが、資金調達に走り回らなくてもいい状態にすべきなのです。インフルエンザにかかった時、咳止めや解熱剤に頼るのではなく、抗インフルエンザ薬で原因から治していくのと同じです。

場当たり的な資金調達を卒業するには、やはり粗利益をうまく稼ぐようなしくみをつくることが一番の近道になります。

現在の経営状態を改善するためには、対症療法的なテクニックを磨くのではなく、根本的な経営課題の解決が必要ですが、そう簡単ではないはずです。また、一般に経営の改善手法といわれるものも、大きな会社を対象としたものが多いのが現実です。

本書は、中小企業の経営者の方が何から始めればいいかわかるよう、中小企業を対象とした指南書として執筆しました。その最大のポイントは、「1人当たりの経常利益を倍増すること」です。ただ、正確には「業界平均の」、という断り書きが入ります。このことは後ほど解説していきます。

売上高、粗利益、経常利益の違いを理解する

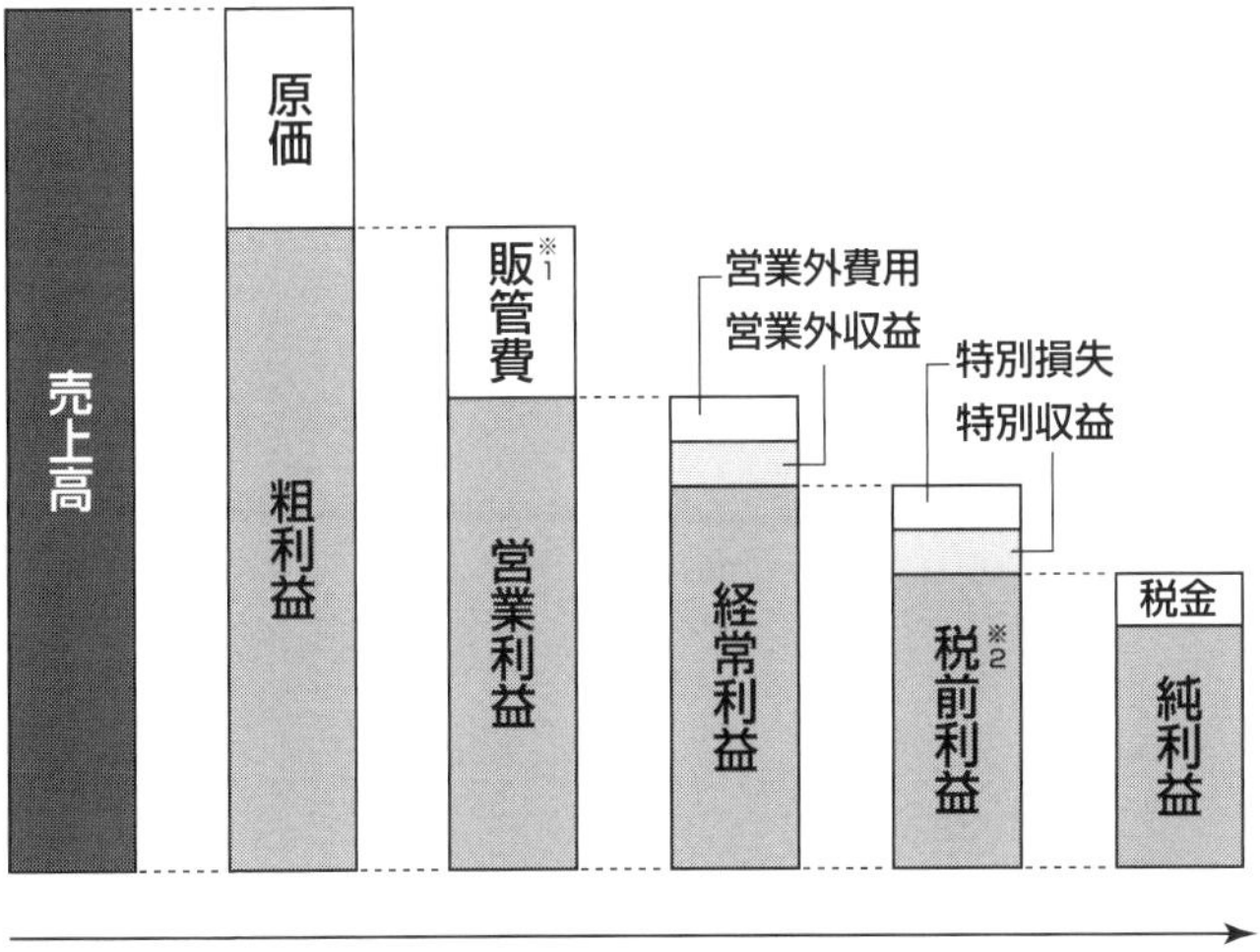

※1：販管費＝販売管理費　※2：税前利益＝税引前利益

売上高を重視する経営者の方は多いようですが、上の表からもわかるように、売上高から原材料など原価を差し引き、粗利益を算出します。この**粗利益**から、販売などにかかった経費などを引き、各利益を算出していきます。黒字のように見えても、実際に会社に残る利益はマイナスになってしまうようなことが起こりかねません。

経営者がまず意識すべきは、売上高から原価を引いた**粗利益**であり、最終的には、支払利息まで考慮した**経常利益**をいかに上げるかを考える必要があります。

ポイント

「年商○○億円」というプライドを捨て、利益をしっかり伸ばすことがポイント。

03 1人当たり経常利益が最優先の指標

●半年分の運転資金がとりあえずの安心ライン

資金繰りが厳しいという経営課題を解決するためには、粗利益を上げて会社にお金が残るしくみをつくらなくてはなりません。

では、具体的にどのくらいお金を残せれば楽になるのでしょうか。

具体的な金額は、業種や会社の規模、社会環境などによって変わってくるため一概には言えませんが、**運転資金の半年分くらいが安心なライン**ではないでしょうか。

半年分とした根拠は、「半年分あれば精神的な余裕ができる」といった、中小企業の声が実際に多いこと、そして、たとえ失敗したとしても対策を打つだけの時間的余裕ができるからです。

半年分の資金的な余裕ができると、精神面だけでなく、実際に経営上で良い効果も期待できます。

たとえば、資金繰りに走り回る時間をとられずにすむことです。「どこそこの手形を割って当座の資金をつくる」とか「新たに借り入れを起こす手続きをこの日時までにしないと」などといった労力はばかになりません。

さらに、手形で購入していた商品を現金取引にすることで、「キャッシュで支払うから3％値引きして」などと値引き交渉ができる可能性があります。

また、どうしても商売が立ち行かなくなった場合でも、半年分くらいの資金があれば、借金を残さずきれいに事業をたためる可能性が高いと思います。

●資金繰りを楽にするには通常の倍も稼がなくてはならない

運転資金の半年分の確保が安心できるラインの目安と申し上げましたが、今まで通りに会社を運営していても、すぐに実現できるような簡単な目標ではありません。

多くの中小企業の経常利益率はだいたい1～3％程度ですが、運転資金の半年分を確保しようと思ったら、**少なくとも経常利益率5％以上**を目指してください。

特に、装置産業など大がかりな設備投資が時に必要になる業種・業界や、同じく設備や内装などにお金がかかる飲食業などでは、さらに利益率を高めなければ安全ラインとはいえません。

●さらに自己資本比率50%以上を目指す

資金繰りを楽にし、健全な経営状態をつくるために、もう1つ意識しなくてはならないことがあります。それは、**自己資本比率**です。

会社のお金というのは、自前で蓄えた返済の必要がない「自己資本」と、借入金などいずれ返済が必要な「他人資本」の2つに大きく分けられます。

このうち、自己資本が多ければ多いほど借入金が少ないということになり、借入金が少なければそれだけ利息や元本を返済する負担が減るので、会社の資金繰りは楽になります。この、全体に対する自己資本の割合のことを自己資本比率といいます。

自己資本比率をいかに増やすかが、資金繰りを楽にする1つのカギとなってきます。また、自己資本比率は会社をスタートさせてからの蓄積の結果であり、経営の成果の集大成といえます。

40％以上であれば会社は安泰などともいわれますが、優良企業と呼ばれるラインの自己資本比率50％以上を目指しましょう。

それを実現するまでにどのくらいかかるのでしょう。

中小企業の場合、「売上高」と「総資本」の金額がほぼ近い数字となっている企業が多いので、これを同水準とする前提で、ざっくりと考えてみます。

たとえば、経常利益率5％で、税率30％として計算してみると、

経常利益率5％×（1－税率30％）×15年＝52％

となり、ゼロからスタートするとなると目標の自己資本比率50％を達成するまでに15年くらいかかる計算になります。

さらに、経常利益率が10％とすると、

経常利益率10％×（1－税率30％）×7年＝49％

となり、目標にはおおよそ7、8年で到達することになります。しかし、この目標は

（本文34ページに続く）

【中小企業の平均経常利益】

・経常利益　約 550 万円（2.8%）

・税引き後　約 280 万円（2.1%）

• 1 人当たり経常利益は約 60 万円
（大卒初任給の 2 カ月強くらい）

ここから税金を納めた残りが、自己資本として蓄積されることになります。

【中小企業の平均自己資本比率】

自己資本比率 40%程度

自己資本比率は、一気には増えません。毎期、コツコツと積み上げていくしか道はありません。
法人の業歴が 15 年以上で自己資本が 10%未満なら、経営のやり方や考え方を変えないと、今のままでは非常に危険です。

出典：中小企業庁「中小企業実態基本調査」の付属統計資料

中小企業の実態を知っておこう

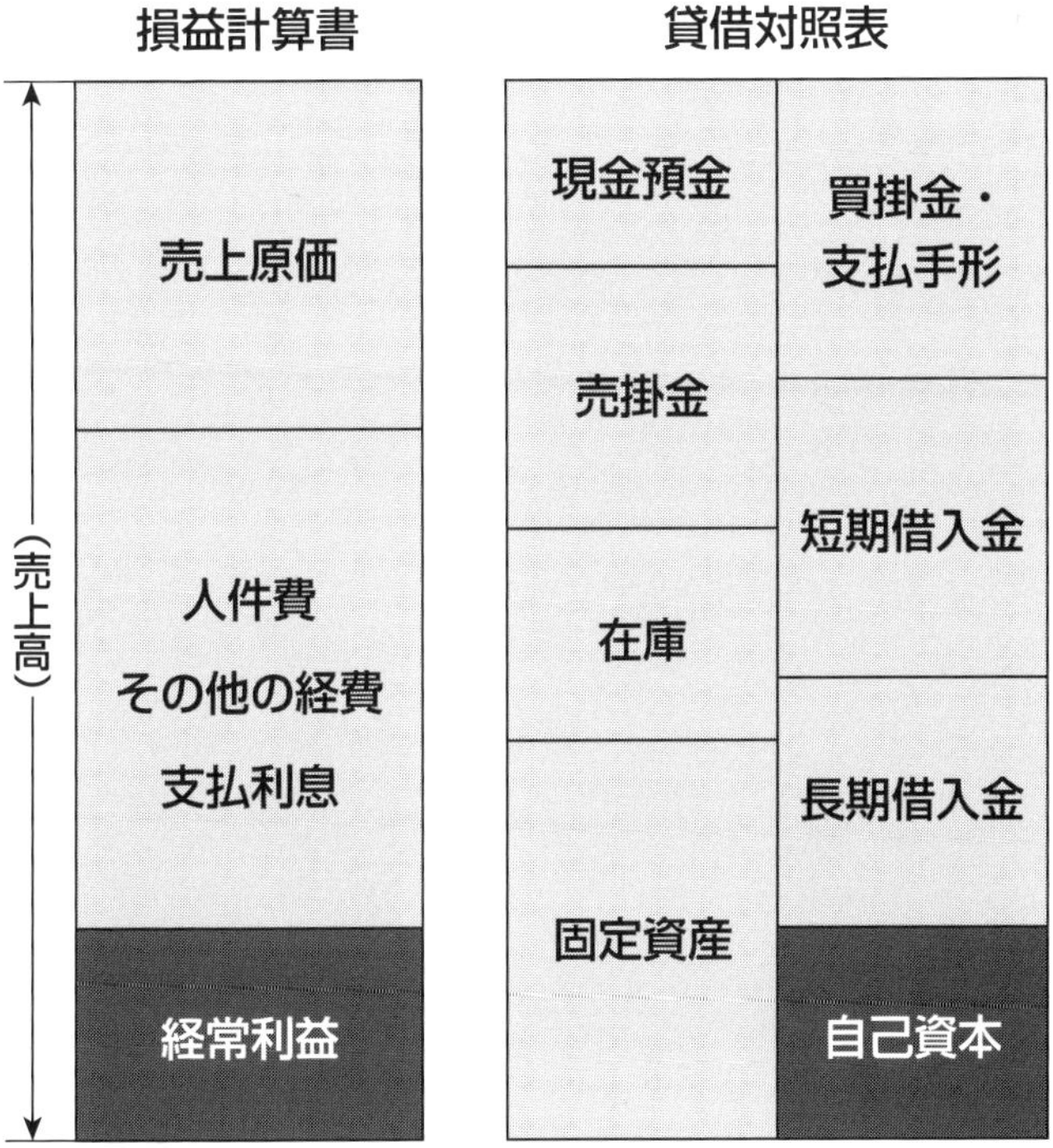

ポイント

良い会社と言われる会社は、貸借対照表がよく似ている。
現預金は多く、自己資本が分厚い。

あくまでも当座の目標で、50%をクリアすればこの先もずっと大丈夫という話ではありません。目先の目標を達成しても、経営者は、さまざまなリスクに備えるために、常に自己資本を積み上げる気持ちを忘れてはいけません。

●1人当たり経常利益で業界内の立ち位置がわかる

ここまで紹介した数字は、資金繰りを楽にするための目標の目安として説明しましたが、これらの実現のために、具体的な経営管理の指標として常に意識しこだわっていただきたいのが、「**1人当たり経常利益**」です。

経常利益は、売上から原価、人件費や家賃・販売手数料などの経費、そして支払利息などを差し引いた、ほぼ会社に残る生の数字に近いお金を指します（税金や、イレギュラーな損益は考慮しません）。

これを、全従業員数で割ったのが、「1人当たりの経常利益」になります。

1人当たり経常利益を経営管理の指標としてお勧めする理由は、大きく2つあります。

1つは、**会社の規模に関係なく**、どのくらいの実績を上げたかがわかるからです。

ポイント

1人当たり経常利益で、簡単に会社の稼ぐ力を見極められる。

会社の規模だけでなく、業種を超えて比べることも可能。

全国展開している大手同業他社でも、社員の頭数で経常利益を割ってしまえば、1人当たりどのくらい稼いでいるかがわかり、自社と比較検討ができます。また、業界内での自社の位置がどこらへんなのか見当もつきます。

もう1つは、この数字が経営者にとって、**とても使いやすい**ということです。たとえば、1人当たりの経常利益が30万円だとすると、10万円くらいまでは賞与を出しても会社にまだ利益が残せるな、などと判断できます。

●必要最小限の人員で市場シェアを上げる

1人当たり経常利益を上げていくために大切なポイントがいくつかあります。

まず考えられるのは、必要最小限の人員で経営を回していくということです。

1人当たり経常利益は、経常利益を全従業員数で割って出た数字なので、従業員数が多ければそれだけ1人当たりの金額が減ることになります。

ですから、**間接部門は現有する人員で行うのが中小企業の鉄則**です。可能なら、アウトソーシングを検討してもいいでしょう。

さらに、もっと重要なことがあります。それは、市場占有率を上げていくということとです。

●目標は1人当たり経常利益の倍増

ランチェスター経営の竹田陽一先生いわく、

> ① 市場占有率ナンバーワンであること
> ② 市場占有率26％以上であること
> ③ 2位に10対6以上の差をつけていること
> この条件を満たしていると、1人当たり経常利益は2位以下の3～4倍多くなる

つまり、圧倒的なシェアナンバーワンになれば、効率良く利益を上げられるということです。

大きな市場でシェアナンバーワンになるのはなかなか厳しいですが、この2つの法則は市場規模にかかわらず有効なので、市場を分析して細分化し、小さな市場を狙っていきましょう。

経営者が考えるべきは、いかに効率良く利益を上げるかです。そして、**市場占有率ナンバーワンになれば、非常に効率良く利益を上げることができる**のですから、経営者にとって一番重要なことは、市場占有率をとるために戦略を練ることだといえます。

市場占有率をとるために経営者が考えるべきは、次の4つです。

- どんな商品・サービスを売るか
- どこで、どのエリアで売るか
- 誰に売るか
- どうやって売るか

知恵を絞って「何を」「どこで」「誰に」「どう売るか」を工夫し、0・1％でも市場占有率を上げるよう、常に考えてください。

いきなり圧倒的な市場占有率をとりにいくのは難しいので、まずは1人当たり経常利益の「**倍増**」を目標にする、というのが本書でお勧めする目標です。

04 根本的な課題解決には社長の経営力アップが必須

いかに効率的に目標を達成するかを考える

10人規模の会社では、社長といえども現場に出て戦力にならなければ仕事が回らないことが多いでしょう。

現場の戦力になるのも必要なことではありますが、それは、本来の社長の仕事でしょうか？

では本来の仕事とは何かというと、目標を定めてその目標達成のための戦略を練り、実行の指示をすることではないでしょうか。**何**（**商品・サービス**）**を、どこで、誰に、どうやって売り**、いかに効率的に目標を達成するかを考えることです。

何を、どこで、誰に、どうやって売るかで、いくら粗利益が稼げるかが決まり、会社の命運が決まります。それを決める力が、社長の経営力なのです。つまり、資金繰りが厳しい、売上がなかなか伸びないといった課題を根本的に解決するためには、社長の経営力を磨かなくてはならないということになります。

●他社との差別化が必要

社長の経営手腕とは結局、いかにうまく「**何を**」「**どこで**」「**誰に**」「**どう売るか**」と考え、実行することです。ただし、いかに優れたしくみ・方法を考えても、それが同業他社と同じでは意味がありません。効率的なしくみであることはもちろん、他社と差別化できるような方法を考える必要があります。

たとえば、20ページのS社（不動産業）の例にあてはめると、次のようになります。

- **何を**……大手不動産業者が狙わない10坪、20坪といった小さな賃貸物件
- **どこで**……近隣のエリア内に絞る
- **誰に**……小さな賃貸物件を必要とする会社・個人に絞る
- **どう売るか**……早朝や深夜まで丁寧に対応、こまめに顧客を訪問

以上のような、他社と差別化したしくみ・方法により、地域のシェアナンバーワンになることで、ぐんぐん1人当たり経常利益率を伸ばし、成長していったのです（次ページの表を参照）。

●固定費削減に時間を割くより粗利益を稼ぐ方法を考える

経営改善にはさまざまなアプローチがありますが、基本はあくまでも、利益を効率良く生み出せるしくみ・方法を考えることです。

しかし実際は、しくみ・方法はそのままに、小手先の対策にばかり力を入れてしまいがちなのです。

よくあるのは、固定費の節約です。コピー用紙の裏紙を使う、使っていない部屋の電気をこまめに消す、消耗品費を抑えるため仕入れ先を変える……こういった細かな改善も大事ではありますが、節約にも限界がありますし、経営を根本的に改善するほどの効果は上がりません。

裏紙を使ってコピーをとるにも、用紙をセットする労力がかかります。使っていない部屋の電気を消して回るのにも、何分かは時間をとられてしまいます。

不動産業者・S 社の業績推移を「見える化」すると…

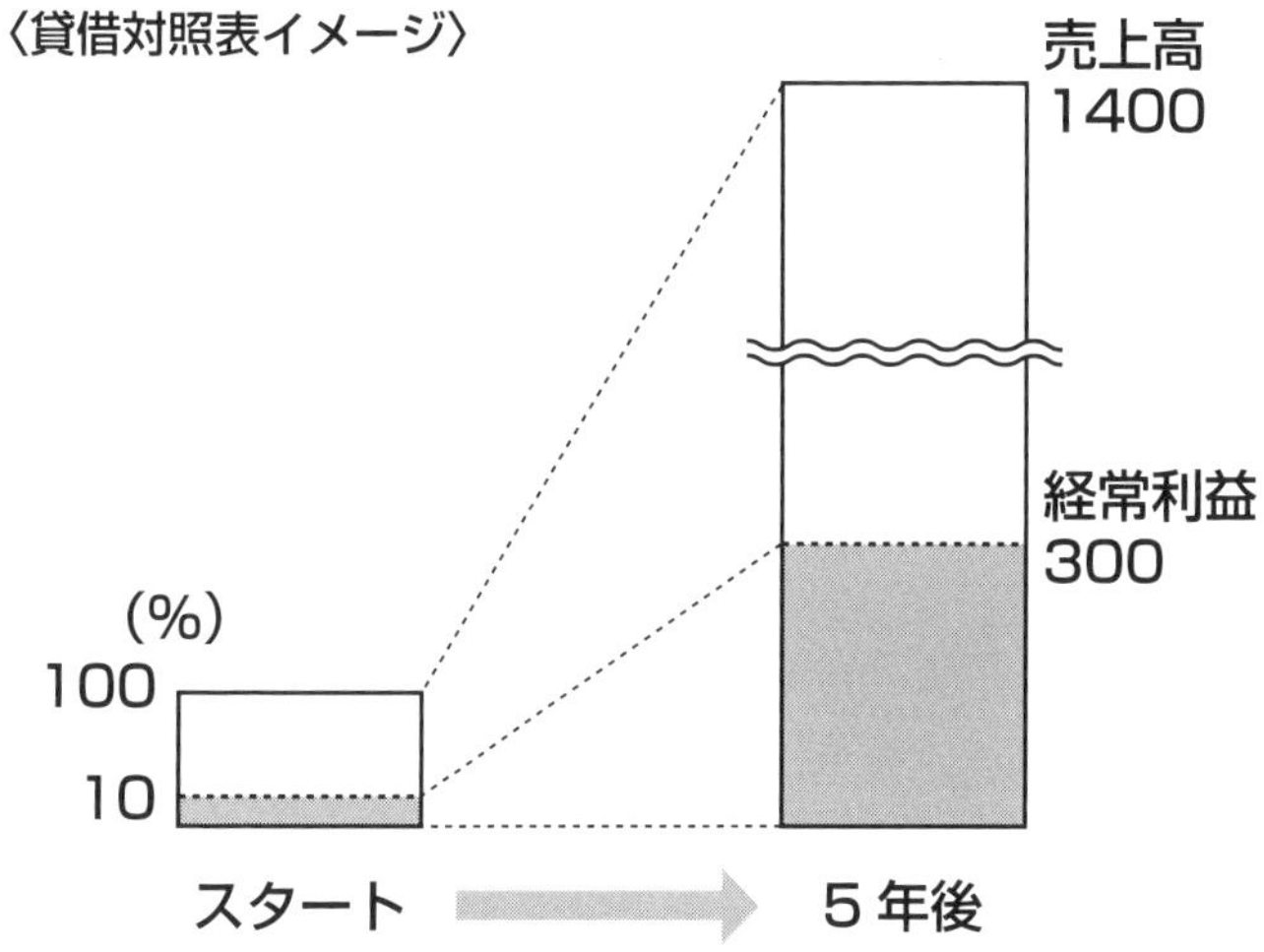

創業から 5 年で……

・売上高はおよそ 14 倍に増加

・経常利益はおよそ 30 倍に増加

・1 人当たり経常利益はおよそ 5 倍に増加

100 万円 / 人　→　500 万円 / 人

(業界平均 200 万円 / 人)

ポイント

経常利益を効率良く上げられるようになった結果、もちろんのことながら社員の労働時間は激減して、大手と同じレベルになっている。

経費削減に労力・時間をかけるなら、その分、**経営を考える時間にあてて**他社とは異なる、優れた粗利益を稼ぐしくみをつくったほうが、会社にとっては圧倒的に効果が大きいのです。

●戦略の失敗は戦術では埋められない

経営に関する書籍を読んでいると、必ず出てくるビジネス用語に「**戦略**」と「**戦術**」があります。戦略は、ここまで紹介してきた通り、社長の術であり、経営戦略とは、業績を良くするための経営のやり方、ルールとなります。

一方、戦術は、方針に従い、決められた仕事・作業をいいます。

いくら戦術という仕事を従業員が上手にこなせたとしても、顧客がいない地域で売ったり、そもそもニーズのない商品だったりすれば、売れるはずがありません。

戦略のミスから生じるロスは、戦術では決して埋められないのです。それだけ正しい戦略で経営するというのは重要なことなので、じっくり時間をかけて研究することを強くお勧めします。

ポイント

経営の結果は社長の戦略でほぼ決まってしまう。社長の仕事はやりがいはあるが責任も重大。言い訳はできない。だから勉強が大事。

第２章

業績を良くするために守ってもらいたいこと

本章のポイント

☑ 継続して良好な業績を上げるためには、自社に合った独自の運営方法・しくみが必要

☑ 市場占有率ナンバーワン以外の会社が業績を上げるなら、ランチェスター法則をベースとした「弱者の戦略」をとるのが近道

☑ 大企業のように広域をくまなく営業するのではなく、狭域をこまめに営業するのが10人規模の会社の戦い方

☑ 非効率的な営業を嫌う大手企業に対して、10人規模の会社は、顧客との距離の近さで勝負する「接近戦」が鉄則

広域営業で売上を
伸ばそうとしていませんか？
手間をかけず効率良く
営業することが
経営を楽にする近道だと
思っていませんか？

01 中小企業ではすべてを経営者が決めなくてはならない

●責任も経営者の双肩にかかってくる

ここまで中小企業の経営改善について書いてきましたが、中小企業の場合は、会社の命運を決める重要事項を、経営者自らが決めなくてはなりません。

大企業なら、何人もの幹部が顧客やライバル企業、社会情勢などさまざまなデータを分析し、経営会議などを開いて今後の方針を決めていきます。あるいは、経営コンサルタントやアドバイザーなど契約している外部の専門家から意見を聞いて決める場合もあるでしょう。

しかし、小さな会社には、社内で経営会議ができるほどのブレーンはいないし、そういう組織もつくれないのが一般的です。資金も限られていますから、専門家を頼ることも難しいでしょう。株も経営者やオーナー一族がほぼすべて握っているので、外部の関係者に意見を聞くこともできません。

したがって、経営者自らが考えて決めるしかなく、責任もすべて経営者本人の肩にかかってきます。

業績を良くするためにすべてを把握する

重要な意思決定をする際、大手企業ならば各部門からデータを出してもらい、あらゆる要素を眺めたうえで的確な方向性を検討することができます。

しかし、中小企業では、経営者がすべてを把握していなければなりません。

自社商品には何があってどんな特徴があるのか。今後伸びそうな商品、逆に売れなくなりそうな商品は何か。買ってくれそうなエリアはどこで、そのエリアの競合相手はどこか。販売店や飲食店を出店するなら人の流れはどうか、地域住民に経済力はどの程度ありそうか、社会情勢はこれから回復しそうなのか落ち込んでいきそうなのか。

そしてさらに重要なのは、どのような考え方で方策を打ち出していくか、というところです。

02 「中小企業ならでは」の戦略をとる

●「弱者の戦略」は勝ち続けるための思考の軸

私がお付き合いしている会社には、伸び悩んでいるところもあれば、継続して業績が良好な会社もあります。その差はどこにあるのか、不思議に思った私は、順調に業績を伸ばす会社の経営者の方々に話を伺いました。すると、ある共通点が浮かび上がってきました。

その共通点とは、独自の考え方や運営方法、しくみがあったということです。なかには、周囲の仲間や先代社長の教えをもとに、肌感覚で優れた経営のしくみづくりに成功した人もいます。しかし、ほとんどの方は、経営についてしっかり勉強し、自社に合った独自の戦略をとっていました。

その戦略というのは、後述する「**弱者の戦略**」（56ページ参照）です。簡単に言えば、大きな会社ではなく、中小企業が勝ち続けて（生き残って）いくための戦い方です。

●大手の真似をしても勝てない

経営のことを勉強しようとしても、ほとんどの手に入る情報は、ある程度規模の大きい会社という前提で書かれています。大学でも、ＭＢＡでも、学べるのは大企業で役立つ知識で、中小企業はどうすればいいのかなどはあまり教えてくれません。

しかし、ヒト・モノ・カネのいずれも限られている中小企業が、経営資源の豊富な大企業の戦略を学んで大手と同じことをやろうとしても、すぐに資源が尽きてしまいます。町の個人商店が、顧客をお店に誘導するために大手を真似してテレビＣＭをばんばん流せば、すぐに経営が破たんしてしまうのはおわかりでしょう。

中小企業には中小企業の戦い方があり、顧客を誘導したいなら、限られた経営資源のなかで、認知度を上げて顧客が来店するしくみをつくる必要があります。

その、中小企業ならではのしくみづくりに役立つのが、「弱者の戦略」です。

●大手企業と重なる部分を切り捨て独自路線に

大手企業と商品で差別化を図り、成功しつつある例をあげてみます。

それは、15年以上も前からお付き合いがある人材派遣会社です。

人材派遣は、競争が激しい業界として知られていますが、同社は日本人の人材派遣を行うごく普通の会社としてスタートし、大手企業と差別化ができずに苦戦が続いていました。今から10年ほど前に経営改善のためトップが交代したものの状況は好転せず、すぐ3代目の現経営者へと引き継がれました。

若い3代目は、「大手企業と差別化しなければ」と決意し、自社の持つ個性や特徴などの経営資源を分析したところ、たまたま外国人とのコネクションがあったことに目をつけ、日本人の人材派遣をばっさりとやめて、外国人専門の人材派遣へシフトしました。

外国人の人材派遣のニーズとは、たとえば、中国語がネイティブで日本語も英語も話せる人材を販売員として店舗に派遣しインバウンド対応させたり、海外とのやり取りに使う書類を作るアウトソーシング先として機能したり、といった具合です。

●差別化が成功し「1人当たり経常利益」倍増も目前

同社が転機を迎えたのは、外国人向け情報サイトを開設したことがきっかけになりました。このサイトは、日本滞在の外国人正社員・契約社員募集から、派遣社員求人、そして日本語は片言でしか話せない海外からの留学生アルバイトまで網羅する、外国人専用の就職情報サイトです。

国内には類似のサイトがなかったこともあってこれがヒットし、登録者数はぐんぐん伸びていって、現在は133カ国、4万人ほどの登録者数になりました。

特に留学生には立派なキャリアの持ち主が多く、全国展開している大企業からのオファーも多数あるそうです。

まだまだ小さなマーケットではありますが、現在のところ、まだ真似をするライバルがない独占状態で、長く赤字が続いた同社は黒字となり、1人当たり経常利益も業界平均の2倍がみえてきたところです。

今後はマーケット拡大をにらみ、外国人登録者数増を図っていき、「逆に、大手に真似されるほどメジャーになりたい」と若き経営者は意気込みをみせています。

03 大企業との戦略の違いを武器にする

大手は物量で勝負

中小企業は、大企業とはまったく別の戦略をとる必要があります。
たとえば、家電販売店でその違いをみてみましょう。
大手家電量販店の特徴をまとめると、次のようになります。

・多店舗を展開して、営業スタッフも大勢そろえて対応
・多種多様な品ぞろえ
・割引やポイント還元でお得感
・大型家電の配送や設置はアウトソーシング

「接近戦」MEMO ①

今どきの広告宣伝はインターネットを上手に活用することも大切。しかし、ここで差別化を忘れてしまうと莫大なコストがかかってしまう。SEO 対策にしても、エリアや業種など、上手に絞り込んで効果的に活用したい。

一方、個人経営の町の電器店は大手の真逆をいきます。多くは単店で、スタッフは家族か、せいぜいプラス何名かの従業員。店舗の広さには限りがあるので、陳列される商品も多くはありません。旧製品はともかく新製品なら販売価格は定価かそれに近い値段なので、お得感はありません。

●中小企業は顧客との距離の近さで勝負

大手家電販売店と町の電器店を比べると、品ぞろえが悪く値引きもしない町の家電店に分が悪そうに思えます。

ところが、昔に比べれば減ったものの、今も元気に営業を続けているところがたくさんあります。

生き残りのため、町の電器店がとっている、中小企業ならではの戦略は「**接近戦**」です。要するに、顧客との距離の近さで勝ち残っているのです。

家電を買った場合、大手家電量販店は業務委託している外部の配送業者が、倉庫から顧客の自宅へ届け、設置を行います。

一方、町の電器屋さんは、洗濯機や冷蔵庫など自分でできるものは店長やお店のス

「接近戦」MEMO ②

問い合わせやご注文いただいたお客様へのお礼のハガキやアフターフォローなどと組み合わせ、接近戦に持ち込むことを忘れない。

タッフが運んで設置し、使い方まで説明してくれます。そして購入後、「故障した」「使い方がわからない」などと電話すると、素早くかけつけてくれます。家電量販店だとこうも迅速な対応は望めません。

●超地域密着スタイルで成功

中小企業ならではの特徴を生かした町の電器店としてよく知られているのが、「でんかのヤマグチ」です。量販店に囲まれながら定価で売っているにもかかわらず、黒字経営を続けている中小企業として頻繁にマスコミに取り上げられています。

その特徴は、**御用聞き係のスタッフをそろえている**ことです。御用聞き係をつくったのは、電球1個を交換する時にもとんでいくという、超密着型の営業スタイルに対応するためです。

電化製品に限らず身の回り品すべてを対象に修理などの相談に乗っており、近年はその延長でリフォーム業も始めました。

大手家電量販店はまず参入しない、中小企業ならではのフットワークの良さを生かした戦略の典型的な成功例といえます。

ポイント

『でんかのヤマグチ』は利益率を上げるため、安売りをやめて定価で販売することにした。顧客リストを精査して定価で買ってくれるお得意様だけに絞り込み、定価で販売する代わりに３倍のサービスを提供しようという戦略へ方向転換して成功

資本力・物量にモノをいわせる大手企業と、接近戦の中小企業

【大手企業の戦略】

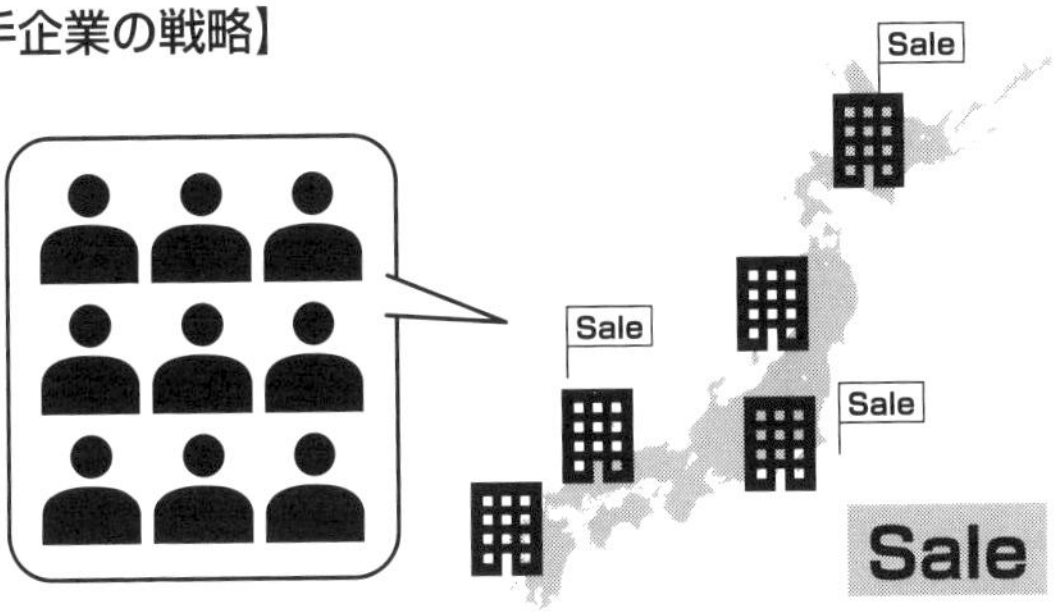

多店舗展開で１店舗にスタッフを大勢配置し、商品の価格を下げて大量販売し、全国的にシェア獲得を狙っていきます

【中小企業の戦略】

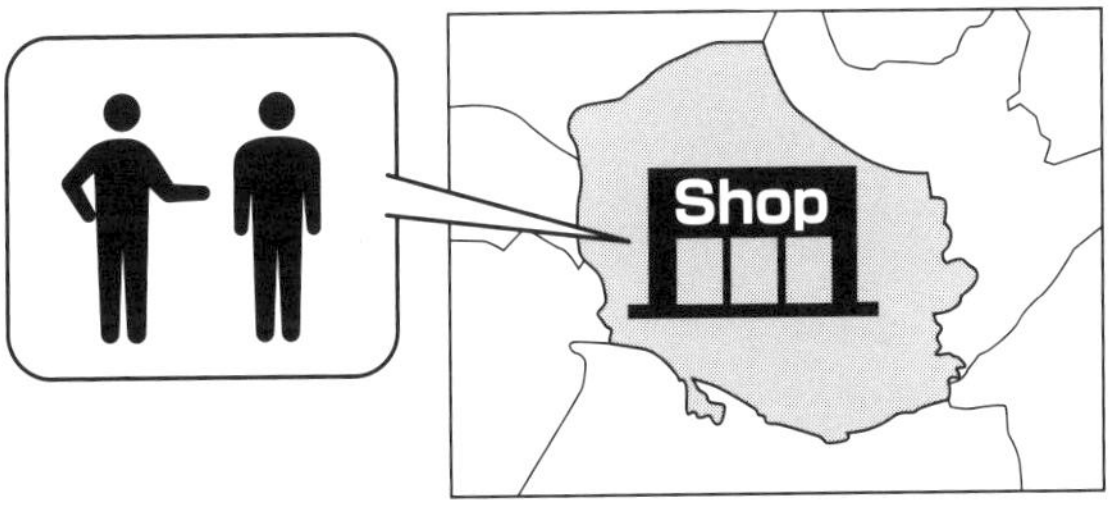

単店もしくは狭い地域に複数店舗を展開し、地域の顧客に密着して一人ひとりの細かな要望にも応え、長く付き合います

04 「弱者の戦略」こそ中小企業の必勝パターン

●中小企業はランチェスターの第1法則で戦う

中小企業には中小企業ならではの戦い方が必要であり、うまくいっている会社の多くは「弱者の戦略」をとっていると前述しました。

弱者の戦略とは、実はランチェスター法則という、もともとは第一次世界大戦時に開発された戦闘の法則をビジネスに応用したものです。

ビジネスではよく知られているのですが、ここで少しだけ説明をしておきます。

ランチェスター法則では、競争相手との勝負を決める「攻撃力」は、「兵力数」と「武器機能（質）」の掛け算で決まるとして、2つの式で説明しています。

・第1法則（刀などで戦う接近戦）……攻撃力 ＝ 兵力数 × 武器性能

・第2法則（銃などで戦う間隔戦）……攻撃力＝兵力数^2×武器性能

ビジネスに当てはめると、攻撃力は「市場競争で勝つ力」や「営業力」「販売力」などと置き換えることができます。

第2法則は、兵力数が2乗になっていることからわかるように、経営資源が豊富な会社がとるべき戦略です。兵力数の2乗の効果で優位に立てます。この第2法則をベースにした戦い方を「強者の戦略」と呼びます。

経営資源に限りがある中小企業は、経営資源ではかなわないので、2乗作用を受けない第1法則の戦いに持ち込まなくてはなりません。

これが、「弱者の戦略」です。

弱者というと気分が悪いかもしれませんが、ランチェスター法則では、市場占有率ナンバーワン以外を「弱者」と定義しています。

●限られたエリアの顧客には接近戦が鉄則

強者の戦略と弱者の戦略では、必勝パターンに違いがあります（58・59ページ図参照）。

強者である大企業は、より広域に展開し、一般大衆を相手にばんばんとマス広告を

常に経営戦略を考え、自分と会社の実力向上に努める

	弱者の対応方法
商品	**1．現状分析　自社の商品・サービスの把握** ＰＰＭ:花形商品、問題児、利益貢献商品、負け犬商品などの観点で商品を分類する。 商品の寿命曲線（ライフサイクル）で、今後の推移を予想する。 **2．どの商品を、どのように扱うかの戦略を立てる。場合によっては負け犬商品をカットする** １位の商品、オンリーワンの商品、とがった商品、強い商品に絞っていく。 **3．新製品の開発** まったく異なる客層でなく、現在の客層に売れるものを優先して開発する方が有効である。 **4．価格対策** 中価格帯は強者が強いのでなるべく避けて、高価格帯か、低価格帯で戦う方がよい。 ※飲食業の場合、メニューが多すぎて、何が強みなのか、わからないお店が多い。単品の、焼き鳥、餃子、しゃぶしゃぶ、串カツが強いのがいい例。
地域	**・エリア・商圏ごとの損益を出して、現状を把握する** **・どこの地域に力を入れるか、ウエイト付けをする** **・エリアをできるだけ近くで絞るのが有効である** ※移動時間は生産性マイナス、特に取引が小口の場合、特定地域でお客様集めを心がける。営業マンの行動分析をすると、それがよくわかる。地域戦略は経営者の意思決定で、すぐに実行できる。 ※地域で一番の飲食店など、成功例はたくさんある。知られていなくても、ひっそりと地域№１の会社は意外と多い。研究すると参考になる。
営業	**1．得意先のＡＢＣ分析をして、力を入れるお客を絞り込む** 利益貢献度のほとんどないお客は、カットしていく。利益貢献してくれているお客は、意外と少ないのではないか？ **2．強力な卸売会社が間にある場合には、直販に転換する** **3．市場規模の小さな業界を選んで、そこに直販を行う** ただし、営業社員の教育など、十分な準備が必要である。一度取引したお客を失わないように、お客から好かれ、気に入られ、忘れられないようなしくみが必要である。 日頃の問い合わせ対応、見積もり依頼への対応、定期的なお客訪問など、基本的なお客対応を全員で実行すると、効果が上がる。 ※単なるマナー研修でなくお客に好かれて、気に入ってもらうことが一番重要である。

ポイント

これ以外にも、考えなければいけない項目はたくさんあるが、まずは上記の３項目から手を付けていくのが、効果が大きい。

すべての項目が、弱者の戦略で統一できれば、一番効果が大きいのだが、難しければできる項目から着手する。

必勝パターンの違いを確認しておこう

	強者	弱者
商品	・大衆相手の物量戦 ・多種商品の複合戦 ・本業周辺へ展開、総合戦	・小規模１位主義、部分１位主義 ・差別化にこだわる ・戦わずして勝つ、勝ちやすきに勝つ ・強い物をより強くする ・商品数は少なく、業種の幅は狭く ・軽装備で動きの速さで勝負
地域	・大都市を重視 ・広域営業を重視	・一騎打ち戦的市場重視 ・狭域戦 ・近距離戦
営業	・間接販売重視（卸会社利用） ・複数の広告媒体を使う ・販売にもM＆Aを活用する ・全国的な物量倉庫をつくる ・市場規模の大きな業界を重視する	・市場規模が小さな営業ルートを選ぶ ・エンドユーザーに直販を考える

ポイント

強者と弱者の戦い方の違いを常に頭に入れておく。

打ってでも大きく、合理的に稼ごうとします。弱者である中小企業はその逆に、絞ったエリアの中で、限られた顧客に接近戦で営業をかけ、小さな収益でも細かく積み上げていくようなやり方をとる、これが鉄則です。

●エリアを絞った、まめな訪問がビジネスにつながる

具体例をあげてみましょう。

私がお付き合いしている、ある食品卸の小さな会社の話です。その会社とお付き合いが始まったのは、先代の社長が亡くなり、食品業界のことがまったくわからない娘さんが継いだばかりでどうしてよいのか手も付けられないような状態の時でした。

新しい社長がとった戦略は、大きく2つありました。それは、営業範囲を近距離に絞る代わりに顧客をまめに訪れること。そして、**国内にない商品を探したり研究したりする**ことでした。世界中の情報を集め、「こんな食材はいかがでしょう？」と提案して回ったのです。

当初は素人ではありましたが、まめに顔を出したことで顧客は話を聞いてくれるようになり、「こういうのはないの？」と逆に尋ねられるまでになりました。

そしてある時、ある国にしかない食材で作る原材料が欲しいとオーダーが入り、数トン単位ではありますが、定期的な注文がもらえたのです。

非効率なことを避ける大手企業の逆をいく

一般に大きな食品卸会社は、トラックやタンクローリー単位でなければ扱いたがりません。10kgだけ欲しい、１００kg欲しいというオーダーでは、少なすぎて扱いたがらないものです。

また、大手食品メーカーなら、たった1カ所の顧客のために、わざわざ新しいものを作って提供するなどということはしません。

大企業は、大量に作って大量に、しかも効率良く売ることを常に考えます。この事例のように、顧客を毎日まめに回って注文を取ったり、少量のニーズのため新たに作ったりという非効率的なことは決してしません。

事例の卸会社はその後も引き続き顧客をこまめに回り、新たな「とがった」商品を開発して、少しずつ利益額が増え、健全な経営状態になっています。

05

原理原則がわかれば自信をもって行動できる

●弱者の戦略で考える軸ができる

経営戦略で重要な「何を」「どこで」「誰に」「どう売るか」を弱者の戦略で考えると、大まかには次のようになります。改めてご紹介します。

- ・何を……他社にはない独自の商品、少ない商品数で勝負
- ・どこで……近くに、限定したエリア内で
- ・誰に……業界・客層を絞って
- ・どうやって……顧客と接近戦で、フットワーク軽く

つまり、前項で書いた中小企業の必勝パターンであり、原理原則です。

考え方はいたってシンプルですが、この原理原則がわかっていないと、どう行動すべきかがなかなか見えてきません。売上がなかなか伸びない時も、どう攻めればいいかわからなければ、行き当たりばったりで戦術を変えて試してみるしかありません。しかしそれではうまくいく可能性は低いですし、うまくいったとしてもその理由がわからず、次に打つ手もまた行き当たりばったりになってしまいます。

しかし、**「独自の商品を」「無理なくまめに通える範囲で」「得意な業界や客層は」「顧客と接近戦で」**売ればいいという考える軸がわかれば、その方針に沿ったしくみ・方法を、自信をもって考え実行することができますし、失敗したとしてもその原因にたどり着きやすくなるはずです。

●「どこで」「誰に」「どう売るか」のほうが変えやすい

弱者の戦略の視点で、まず「何を」を変えようとする場合、世の中にはない、タイムリーで画期的なオリジナル商品・サービスを生み出すのは難しいでしょう。そんなものがすぐに作れるくらいなら、苦労はしません。

弱者の戦略を勉強した経営再建中の社長の話①

以前は、何も勉強せずに儲かると思ったビジネスをすぐに始めていた。始めだけはうまくいったが、後はすべて失敗してしまった。今、思うと負けるべくして負けた。弱者の戦略を学んできて考えるべきことと考えが明確になった。

現実的に考えるなら、自社のラインナップの中でもっとも有望なもの1つ、2つに経営資源を集中させるという方法です。20ページの不動産屋でいえば、個人オーナーが所有する小さな賃貸物件に特化することです。

ただ、「何を」を変えるのは、中小企業にとって大きな決断です。なぜなら、これまで売れるという確信をもって売ってきた商品・サービスですし、「何を」が変われば、「どこで」「誰に」「どうやって」のすべてが変わる可能性があるからです。

もちろん、いろいろやってどうしても売れないような場合は別の商品・サービスに変える必要がありますが、これまで事業を続けてきた方であれば、その商品・サービスはまだまだ売れる確信があるのだと思いますし、その判断が正しいことも往々にしてあります。

また、ニーズがなくなってきた商品でも、エリアを変えれば売れるかもしれません。一般の人に売れなくなっても、マニアにならまだまだ需要があるかもしれません。

弱者の戦略の原理原則という考え方の軸ができていれば、**「何を」をそのままに、さまざまな視点から「どこで」「誰に」「どうやって」を変えることができ、**自社のやらなければいけないことがしっかり見えてきます。

弱者の戦略を勉強した経営再建中の社長の話②

今までと同じ失敗はもう繰り返さないと思う。これからの経営に対して不安もなくなった。やるべきことが明確になった。

●行き当たりばったりの策ではダメ

「どこで」「誰に」「どうやって」を考える時にも、弱者の戦略をベースによく考えてから実行することが大切です。

たとえば、「どこで」を変えるための一例として、コンビニエンスストアが宣伝のチラシを配るとしましょう。

新聞の折り込み広告を頼む場合、地区を指定できるとはいっても、町単位などある程度広いエリアに配られます。しかし、地域にもよりますが、コンビニエンスストアは数が多いので近所に1軒くらいはあるものです。そのため、チラシが入っていたからといって、わざわざ2軒向こうのコンビニエンスストアまで行こうとはしません。

利用するコンビニエンスストアは自宅から300メートルまで、という説もあるくらいですから、広域にチラシを配ってもムダが多く、顧客の反応が薄かった原因がどこにあるのかが分析しにくくなります。

ポイントは、近くの限定したエリア内という弱者の戦略を軸に、深く考えるということです。

ポイント

経営者は、いつも多くの不安と戦っている。
しかし、原理原則を理解した経営者は漠然とした不安から解放される。

06

変化に対応するために「戦略実力」を高めていく

●常に戦略を考えていれば迅速に変化へ対応できる

変化の激しい今の世の中、経済状況やさまざまな技術もどんどん変わっていくため、せっかく戦略を練って経営がうまく回るようになっても、経営環境の変化によって変更を余儀なくされることがあります。

5年前はそれでよかったものの、今はもうこれでは売れないということが珍しくありません。ずっとベビーカーを売っていた販売店が、少子化が進んで売れなくなる、などいうことも考えられます。

環境の変化で売れなくなってしまった時、日ごろから経営戦略を考えていない人は、そこで思考停止に陥ってしまいます。どうすればいいのか判断がつかなければ、選択肢は2つに1つです。つまり、売れなくなった商品・サービスを捨てて新しいものを売るのか、商売をたたむかです。

一方、日ごろから経営戦略を考えている人は、すぐに対応できます。たとえば、

・ベビーカーをやめて高齢者用の手押し車を売る
・需要のありそうな別のエリアでベビーカーを売り続ける
・商品・サービスも販売エリアも変えずに売り方を店頭販売からEC（ネット通販などの電子商取引）主力に切り替える

「何を」「どこで」「誰に」「どうやって」の選択肢を見極められるのです。

このように、時世と自社に合わせ、的確に経営戦略を練る能力を、「**戦略実力**」と呼びます。

身軽な中小企業なら柔軟に変われる

戦略実力を発揮し、環境変化にうまく対応した好例が、富士フイルムです。

「弱者の戦略」について思うこと

本書の中で取り上げられている「サイゼリア」、そして「俺のフレンチ」「ドン・キホーテ」もスタートしたときは弱者だった。強者と差別化して、いかに戦うかを考え抜いて、今の地位を築いている。弱者といわれてしょんぼりとせず、「弱者の戦略」を強力な武器にして戦っていただきたい。

デジタルカメラの台頭により、主力商品であった写真フィルムが売れない時代に突入した時、誰もが富士フイルムの経営危機を予感したでしょう。

しかし、写真フィルムから別商品へと主力事業をシフトする決意をし、2年かけて現有する技術を見直し、瞬く間にヘルスケアメーカーへと見事に生まれ変わったのです。

これは大企業の例ですが、変化への対応力が必要なのはむしろ、中小企業のほうです。経営資源に限りがある中小企業は、わずかな環境変化でも大きなダメージを受けることがあるからです。

なかには、ご自身の会社経営に対するプライドが邪魔して変化できない経営者の方もいます。しかし、何万人もの従業員を抱えた富士フイルムの劇的な変化に比べれば、中小企業が変わるのは、そう難しいことではありません。

経営者の方がきちんと意思決定し、「明日から当社の方針がこう変わるけど、みんなついてきて」と言えば、身軽な中小企業であれば、さっと変化に対応できるはずです。

●成功する経営者は変化への対応がうまい

環境の変化に瞬時に対応するには、常に時代の変化を見極めながら、「このままだと危ないかもしれない」という危機意識をもつことが大切です。

実際、やり手の経営者というのは実に変化への対応が素早いものです。朝令暮改で、どんどん変化をしていきます。

そして、それらの企業のスタッフの方に話を聞くと、決まってこう言います。

「うちの社長は変わっているんです」

「いつも突然、変なことを言うんですよ」

「去年までやっていたことをさっと捨てて、別のやり方に変えてしまうんです」

このように、ぼやきぎみです。

しかし、そうした**「変わり者」**といわれる経営者の方たちはおそらく、自ら変化していかなくては生き残っていけないと感じているからなのでしょう。

【コラム1】

1人当たり経常利益の「業界平均」をリサーチする

本書に掲載している1人当たり経常利益の業界平均金額は、主に中小企業庁が発表している「中小企業実態基本調査」のデータを利用しています。

この調査データには、産業別・売上高階級別の財務情報などが掲載されています。各分類の経常利益を従業員数で割ると、1人当たり経常利益額を導き出すことができます。

たとえば、

（その業界の1人当たり経常利益額　平均の求め方）

平成28年度　建設業（全体）

経常利益2,195,107（百万円）÷

従業員数2,530,236（人）

≒87万円／人

中小企業実態基本調査以外にも、日本政策金融公庫や中小企業診断士で公表されているものもあります（数値はそれぞれで、少々微妙に異なります）。

さらに詳しく分析したいという場合は、TKC（会計事務所のデータを扱う会社）が提供する経営指標（BAST）を参考にするのがお勧めです。

第3章

まずは
最大要因「何を」
から考える

本章のポイント

☑「何を」「どこで」「誰に」「どう売るか」の4つがマッチしてはじめて、商品・サービスは売れるようになる

☑伸ばす商品、カットする商品を決める時は、売上ではなく粗利益を上げているかどうかみて判断する

☑10人規模の会社は、品揃えやサービスメニューを幅広く用意するのではなく、絞り込んだ商品・サービスに投資すべき

☑ボリュームゾーンの価格で勝負しても大手企業に負けてしまうので、価格でも差別化を図る

優れた商品・サービスなら
いずれは売れるようになると
思っていませんか？
売上の大きい
商品・サービスがある、
と安心していませんか？

4つの要因すべてをそろえれば勝てる

●優れた商品・サービスというだけでは売れない

「売上がどうも伸びない」「一生懸命にやっても、なかなか経営が楽にならない」と悩むのは、結局、「何を」「どこで」「誰に」「どう売るか」が間違っていて、欲しい人に商品・サービスが納得できる値段で届いていないからです。

経営者の方はよく、「優れたものなら必ず売れる」と考えがちです。しかし、どんなに優れたものでも、ニーズのない場所で売っていれば買う人はいません。どんなに優れた商品・サービスでも、手に入れる場所や売り方がニーズに合っていなければ売れにくいということです。言い換えれば、「何を」「どこで」「誰に」「どう売るか」がすべてピタッと合えば、ビジネスとして成功するということです。

●「売れる条件」に上手にハマるように考える

私が知っている眼科診療所を例にしてみましょう。

表参道駅に近い、その眼科診療所は、ビルの4階で診療を行っています。いわゆる「空中店舗」というわかりにくい立地条件ですが、院内はいつも患者で込み合います。

人気の理由は、診療するドクターがマスコミにもたびたび登場する方だからです。眼科領域の治療法をいくつか開発したような、すばらしい技術の持ち主で、直接その先生に診てもらいたいという患者が殺到しています。

優れた技術と安心感という価値がその眼科にはあるので、わかりにくい場所でも顧客（患者）を呼び込めるわけです。

この眼科が、地方の山奥にあったならどうでしょう？　近隣住民のなかに、ドクターの技術や安心感に価値を感じる人がどれだけいるでしょうか。名前の知れたドクターが富裕層の多い都内の一等地で診療している、つまり、**「何を」「どこで」「誰に」**にハマっているからこそ、その眼科診療所は患者が殺到しているのです。ビジネスを成功させるには、「何を」「どこで」「誰に」「どう売るか」をそろえる必要があります。

01 自社の商品・サービスをPPMで確認する

何を　どこで　誰に　どう売るか

●商品・サービスを4種に分類する分析法

ここでは、「何を」「どこで」「誰に」「どう売るか」のうちの「何を」を見極めていく方法をお伝えします。商品・サービスそのものがそもそも売れないものなら、どんな場所でも、どんなに工夫して売っても売れないので非常に重要です。

まず、自社にはどんな商品・サービスがあるかを洗い出し、市場で有望なものは何か、逆にカットすべきものは何かを分類します。

商品・サービスの分析で、一般的によく使われるマネジメント手法として、**PPM**（プロダクト・ポートフォリオ・マネジメント）があります。よく知られる手法ですが、商品・サービスの分析に役立ちますので紹介しましょう。

ＰＰＭでは、79ページのような図を作ります。

市場成長率を縦軸に、市場占有率を横軸にして、４つのカテゴリーに商品・サービスを分類していきます。その４つとは、次の項目です。

・**花形商品**……市場成長率もシェアも高いため、高い収益が見込めるが、ライバルが多いことからまだまだ投資が必要

・**利益貢献商品**……成長率は止まっているものの、ライバルが撤退したあとなので高いシェアで安定した収益が見込める

・**問題児**……成長率が高いため、シェアを獲得すれば花形に成長する可能性を秘めているが、投資しても成長するとはかぎらない

・**負け犬**……市場の成長も自社のシェアも低く将来性がないため、基本的には、一刻も早く投資をストップすべき

●伸ばす商品、カットする商品を決める

ＰＰＭで４つに分類した商品・サービスは、基本的に次のように考えていきます。

- ・**花形商品**……ライバルに対抗してシェアを確保し利益を上げ続けるためにも、投資を継続する
- ・**利益貢献商品**……すでにシェアをとっているので放置しておき、投資を抑えて利益を回収する
- ・**問題児**……投資してシェア拡大を図り「花形」として育成するか、シェアを伸ばせないと判断して投資を控えるか
- ・**負け犬**……できるだけ資金も人手もかけないようにして売り切り、撤退する

要するに、ＰＰＭで**伸ばす商品、カットする商品を決める**ということです。

たとえば20ページの不動産屋なら、10坪、20坪の賃貸物件が花形商品となります。

PPM の図を頭に入れておく

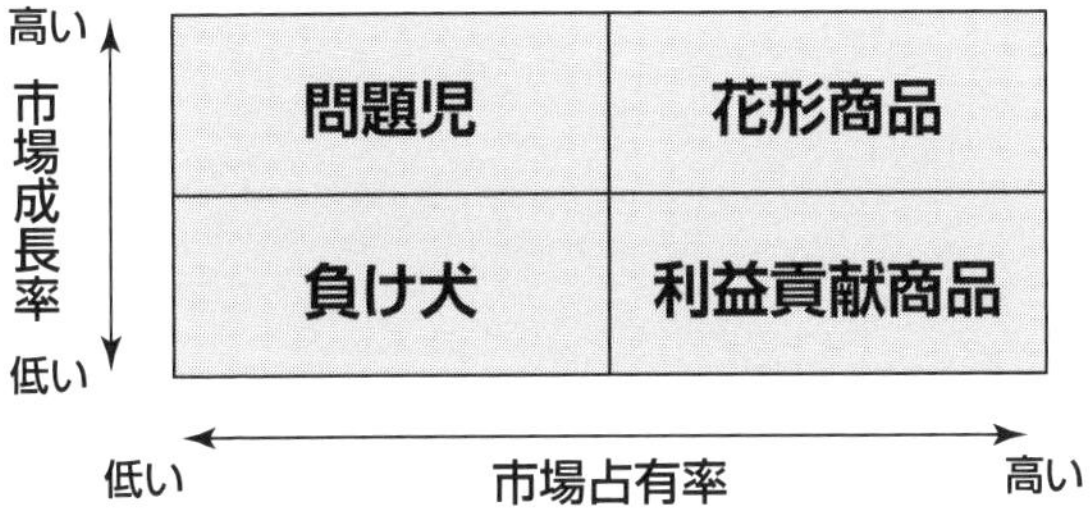

〈商品・サービスのサイクル〉

問題児
一定以上のシェアをとるために資源を集中して育成すると、やがて「花形商品」になる可能性がある

↓

花形商品
投資を続け市場シェアをどんどん高めると、ライバルがいなくなり「利益貢献商品」へ成長する

↓

利益貢献商品
黙っていても利益を上げるが、成長が止まっているので「負け犬」になるのが目に見えている

↓

負け犬
投資をしても成長は見込めないので、できるだけコストや手間を抑えて売り切り、撤退する段階

02

何を　どこで　誰に　どう売るか

伸ばすかカットするかを決める

●負け犬をカットし、カットした分を花形商品にあてる

前項のように、「花形商品」「問題児」として分類された商品・サービスは資源を投入し、「負け犬」に分類されたものはカットしていきます。

では、具体的に、伸ばすかカットするかをどうやって判断するかを考えてみましょう。ここでは、簡便に市場占有率を利益性と置き換えて考えていきます。

食品や消耗品などの商品なら、商品ごとに売上の伸び率と利益性がどのくらいかみていけば、伸ばすもの、やめるべきものがみえてきます。

また、複数店舗を展開している飲食店であれば、1店舗ずつの売上の伸び率と利益性を出していきます。そして、両方がマイナスになっている店舗は「負け犬」として

撤退や縮小を考え、両方とも良い「花形」店舗にその分の資源を集中すればいい、と考えます。

●売上額だけでは自社への貢献度がわからない

具体例でみてみましょう。

60ページに記載した、急な経営者の交代のあった食品卸会社の実際の例です。事業を引き継いだ当初から一定の顧客は獲得していましたが、なぜかそれほど儲からず、どこに問題があるのかがわかっていませんでした。

そこで、伸び悩む原因を探るため、商品セグメント別にデータを分析するようアドバイスしたのです。ポイントは、**売上ではなく、あくまでも粗利益をみる**こと。実際に、どの商品セグメントが会社の利益に貢献しているかです。

商品セグメントごとに粗利益をみていくと、意外なことがわかりました。売上の大きい商品セグメントが、実はほとんど利益を出していなかったのです。

食材をA社から仕入れ、B社に納品するような卸売りの場合、取引量がトラック何台分にもなり、売上額も自ずと大きくなります。

しかし、粗利益でみると、そうした、右から左に食材を流すような卸売りの場合はほとんど儲かっていない取引ばかりで、「利益貢献商品」というよりは「負け犬」商品だったのです。

何より衝撃だったのは、取引先のなかで最大手に卸していた商品から得られる粗利益がほんの数パーセントで、運賃などの経費を差し引いたら、月に数万円の利益にしかなっていなかったことでした。

●商品を見極めれば経営が良くなっていく

その後は、しっかり利益貢献している「花形商品」と、労力に合わない「負け犬」とに商品セグメントを分け、明らかに「負け犬」に分類されたものは、カットしないまでも営業をかけるのをやめ、オーダーが来た時だけ販売するというスタンスを徹底しました。

その代わりに、これらに使っていた資金や労力を、新規商品の開発や調査などへと振り向けるようにしたところ、徐々に粗利益率が改善し、経営的にも少しずつ良くなっていきました。

資本力・物量にモノをいわせる大手企業と、接近戦の中小企業

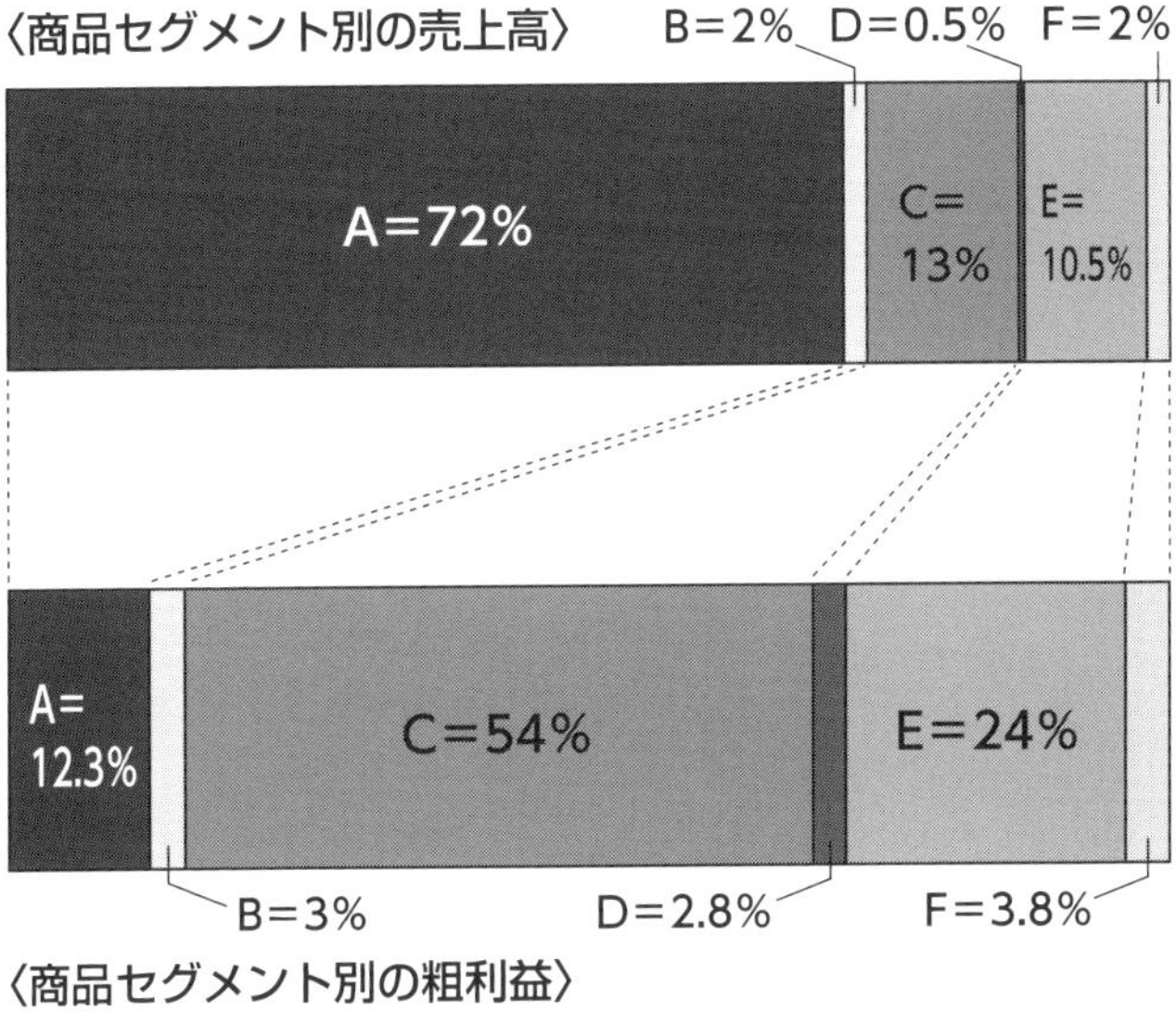

上の図は、ある月の商品セグメント別売上と粗利益を抜粋したデータのグラフです。グラフを比較すると、上記の通り、売上金額の大きい A はほとんど利益が出ていないことがわかりました。そこで、粗利益が低い A にかけていた労力を粗利益が高い C や E に費やしたところ、徐々に効果が表れ、全体の粗利益が増加していきました。

ポイント

いろいろな属性に分けて分析するのは簡単ではない。
いろいろな切り口で考え、社長の感性を磨いていくことがポイント。

全国展開をやめ、都内限定のオフィス移転専門に方針を転換した事例

商品・サービスを積極的にカットして1つのものに特化し、ニッチな市場で他社との差別化を図るというのも、弱者の戦略です。

あるサービスに特化したことで経営改善を果たした例を紹介します。

それは、20年来のお付き合いがある引っ越し業を営む会社で、倉庫やオフィスの移転をはじめ、荷物を運ぶ物流のような仕事にまで手を広げていました。

都内で事業がうまく回るようになり従業員数も増え、大手企業との口座ができると、大阪支店や福岡支店をつくり、全国展開も図りました。

しかし、それが裏目に出て大赤字を出したため、支店はたたんで都内、それも23区内に特化してやっていこうと方針を転換したのです。

それまでいろいろとやっていた業務内容も見直し、他の仕事はすべてカットしてオフィスの移転だけに特化しました。

オフィス移転のみということで、作業日は企業が休みになる週末に集中します。金曜日の終業時間から始まり、月曜日の始業時間までに作業を完了させるスタイルです。

ポイント

外部からはマイナスイメージをもたれる支店の撤退は苦渋の決断。
しかし、素早い意思決定が会社を救う。

週末以外は、交代で休みをとりながら営業をかけたり、翌週、翌々週の移転の打ち合わせを顧客としたり、といったことに費やします。

オフィス移転に特化した結果、従業員の人数を減らすことなく、業績は次第に上向きました。

●特化したことでスキルも向上

オフィス移転に特化したことで、さまざまなメリットも生まれました。

たとえば、オファーが殺到する時期での、人員のやりくりです。オフィスの移転や引っ越しは、だいたい3月末やゴールデンウイークなど決まった時期に集中するのですが、同社はオフィス専門で都内23区限定のため、朝一番でA町で作業してからB町への引っ越しをこなし、午後には別の会社の移転に向かう、という具合に、スケジュール次第で効率的な仕事ができるわけです。

オフィス専門ということで、トラックを荷台の高さが調整できる仕様にカスタマイズするなど、オフィス移転で使い勝手の良いツールを次々と開発し、今では他社に真似されるほどになったそうです。

03 営業しやすい新商品・サービスを開発する

何を　どこで　誰に　どう売るか

●顧客ニーズから新たな商品を生み出した例

自社にある既存の商品・サービスで力を入れるべき「花形商品」がない場合は、将来有望な新しい商品・サービスを生み出すことを考えます。しかし、将来有望なものを作るといっても、ゼロから画期的な商品・サービスを創出するのは至難の業です。

前項の食品卸会社では、顧客のニーズを聞き出して、新商品を生み出しています。

実は当時、同社にはまだ、「利益貢献商品」のような商品がいくつかあったのですが、いつ大手に真似をされてもおかしくない、すぐに「負け犬」になる運命がみえているようなものだったので、新商品の開発が急がれました。

同社がやったことは、**ひとことで言えば御用聞き**です。営業する範囲を狭める代わりに優良顧客を1件1件、こまめに回るようにして「何か必要なものはありませんか？」と聞いていったのです。

こまめな訪問活動が間もなく実を結び、「こういう商品が作れないか」というリクエストをもらえました。海外の工場と提携して顧客ニーズを満たすオリジナル商品を作り、それが好評で定期的なオーダーに、ひいては安定的な利益計上へとつながったのです。

●「まったく新しい商品を作る」「新規顧客に売る」は難しい

食品卸会社の事例は商品の特殊性でオーダーに結びつけた例ですが、基本的に**中小企業の新商品・サービスの開発は、営業との関係性で考えていく**ことが大切です。

営業的には、まったく新しい商品・サービスよりも、既存の商品・サービスに類似したもののほうが売りやすくなります。

販売する相手も、新規顧客より既存の顧客のほうが売りやすいのが普通です。

つまり、なるべく既存の顧客に、既存の商品と似たもの、もしくは周辺の商品・サービスを売っていく努力をすることが営業の鉄則ということです。

ですから、新商品を作る時には、既存の商品・サービスでもう少し切り口の違ったものはできないか、もっと高級なもの、あるいは既存商品の廉価版ができないか、と考えていくことが基本になります。

●まず既存商品をアレンジすることから考える

たとえばＣＤのディスクは、誕生後から続々と切り口を少しずつ変えた新商品が生み出されています。

当初は１回書き込みしかできなかったのが、繰り返し書き込みができるリライタブルモデルが登場しました。書き込み速度のより速いディスクが次々とリリースされたり、高音質を実現するといわれるＳＨＭ－ＣＤ（スーパー・ハイ・マテリアル・コンパクト・ディスク）が開発されたりと、顧客ニーズの多様化に合わせてさまざまなバリエーションが生まれています。

要するに、新製品をゼロから開発するなどと難しく考えるのではなく、既存の自社商品をアレンジするところから始めればいいのです。

販売先・商品の違いと難易度の関係

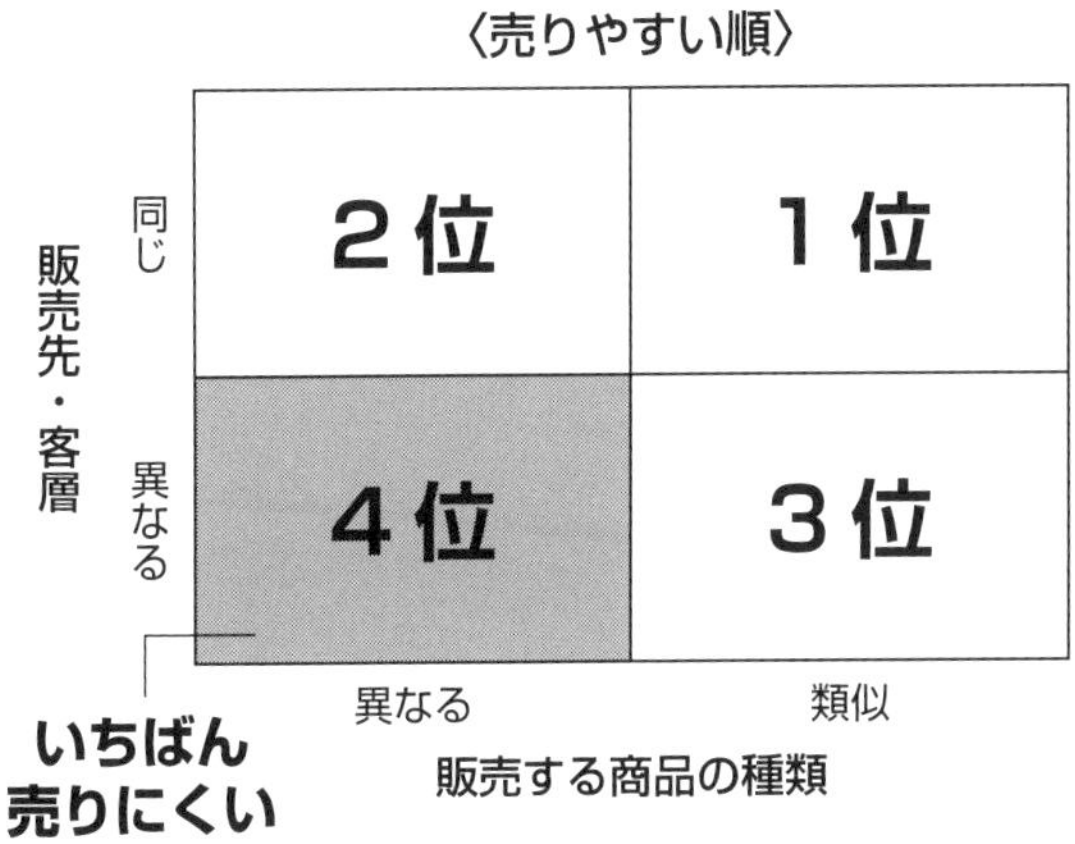

「商品 3 分に売り 7 分」とよくいわれるように、新規の販売先をつくり出すのがもっとも難しい。

売りやすさ 1 位：同じ　**顧客**に　　似た**商品**を売る
2 位：　〃　　異なる　〃
3 位：異なる**顧客**に　　似た**商品**を売る
4 位：　〃　　異なる　〃

つまり、新商品・サービスは、まず付き合いのある既存顧客に販売するところからスタートすべき。

04 価格での差別化を考える

何を　どこで　誰に　どう売るか

●安く売るか、高級路線でいくか

中小企業は、商品・サービスに付ける価格にもひと工夫が必要です。かかった開発費や製造コストなどに利益を乗せた金額で販売しようとしても、そうしたボリュームゾーンはすでに大手がシェアをとってしまっていることが多いからです。

価格の差別化で考えられるのは、**安く**するか、**高級路線**でいくかです。

高級路線は、昔から国内外のブランド品に代表されるような、ブランディングによる安心感や付加価値に高値をつけて差別化する方法があります。

ほかにも、高品質サービスを売りにしている「星野リゾート」、マンツーマン指導で結果を出す「ライザップ」、品質にこだわり独自の高級路線をいく「成城石井」など、探してみると、意外に身の回りにもたくさんあるなと気が付くでしょう。

高級路線は品質の高いものを売るので、そこは資金力のある大手の独壇場ではないかと思われる方は多いのではないでしょうか。

しかし、資金に限界がある中小企業でも、工夫次第で高級路線で戦うことは可能です。たとえば、腕に自信のある美容師が、表参道や青山など都内でも家賃の高い場所で開業したいと考えた場合です。ガラス張りの地上フロアで広々としたスペースを借りるとなると、保証金や内装工事、備品代などですぐに数千万円が飛んでしまいます。個人の資金が多少あったとしても、とても手が届きませんし、銀行もなかなか貸してはくれないでしょう。

まずは、**今ある資金でどうするかを考える**のが基本です。手元の資金で高級路線を貫きたいなら、同じ表参道でも、大通り沿いを避け、さらに、5階、6階フロアなら家賃もグッと下がります。腕があるなら、地上フロアで飛び込み客を当てにしなくても、紹介でやっていけるはずです。

高級路線でも知恵と工夫で挑むのが、中小企業のやり方です。

ポイント

安易な値下げは自殺行為。まずは、その値段で売るためにはどうするかを考える。

●「圧倒的な安さ」で差別化

逆に、魅力的な商品・サービスを圧倒的な安価で売るしくみがつくれれば、大手も対抗できません。ワンコインでしっかり食事ができる「サイゼリア」、高級料理と立ち食いを組み合わせた「俺のフレンチ」をはじめとするビジネスモデル、驚安の殿堂「ドン・キホーテ」など、数えきれないほどの成功例があります。

大手の例ばかりでなく、私がお付き合いする中小企業にも、価格の工夫で成功している会社があります。

たとえば、レジシステムを販売する、ある会社などは、他社を圧倒するほど安く販売して差別化を図っています。販売するのは機械ではなく、パソコンにインストールして使うためのソフトで、ＰＯＳレジとも連動し、ひと通りのレジ機能が備わっていて、使用料はわずか月３０００円という破格値です。

ソフトは飲食店専用に作られているので、飲食店で使うならあとからカスタマイズする必要はほとんどなく、純粋に３０００円ですんでしまいます。

一般的なレジシステムは数十万円から、カスタマイズするとなると１００万円単位でかかることもありますから、いかに安いかがおわかりでしょう。
レジシステムのほか、タイムカード管理や給与計算までできる勤怠管理ソフト、ボタン1つで食材の発注ができる仕入れ管理ソフトなどがあり、すべて合わせても1万円でお釣りがきます。

ここまで安価で販売すると大手も手を出しにくいのか、競合する相手はほとんどいません。最近注目されているアプリのレジシステムもありますが、飲食店の使い勝手ではまだまだ負けていないようで、もう10年以上のお付き合いになる会社ですが、いまだにお客様との契約が次々増えていて順調な経営ぶりを維持しています。

●「全部同じ価格」という差別化

価格の差別化で、高い・安いではなく、「全部同じ」という戦略をとって成功したのが１００円均一ショップです。

１００円で買えると思わなかったという驚きや、「どうせ１００円だから」と気軽に買える点で顧客から支持され、今ではたくさんのチェーン店ができ、３００円均一、５００円均一などというショップも登場しています。

【コラム 2】

卓球専門のタマスというすごい会社、ご存知ですか？

卓球をやる方ならご存知かもしれませんが、株式会社タマスという卓球用品の製造販売をするすごい会社があります。

山口県で創業し、すぐに東京の杉並に拠点を移しました。創業は 70 年近く前で、当時卓球は、まだまだマイナーなスポーツでした。競技人口も、今とは比べ物にならないくらい、小さかったはずです。

創業者の故田舛《たます》彦介氏は、「卓球という小さな井戸を深く掘り続ける」を企業テーマに掲げて、ラケットなどの卓球用品を開発し続け、今や世界有数の卓球用品メーカーとなっています。

その品質、機能は高く評価され、日本をはじめ世界を代表する選手も、ここの契約選手となって活躍しています。あえて卓球という小さな井戸を選び、そこにすべての経営資源を投入する。まさに弱者の戦略を愚直に実践して成功した事例ではないでしょうか。

さて、あなたの会社の戦略はいかがですか？

大きな井戸を掘ろうとしていませんか？

第4章

次に「どこで」「誰に」「どう売るか」を決める

本章のポイント

☑ 大企業のように広域をくまなく営業するのではなく、狭域をこまめに営業するのが10人規模の会社の戦い方

☑ 非効率的な営業を嫌う大手企業に対して、10人規模の会社は、顧客との距離の近さで勝負する「接近戦」が鉄則

☑ 多店舗展開している場合は、全体の売上ではなく、店舗ごとの経常利益を見ながら対策を考える

☑ 10人規模の会社が営業エリアを拡大する場合は、似た客層がいそうな「隣へ、隣へ」が原則

人口が多い地域や
土地勘のある町だからという理由で
営業エリアを決めていませんか？
効率的な営業が
経営を楽にする近道と
思っていませんか？

01

何を　どこで　誰に　どう売るか

効率を高めるために強いエリアをつくる

●エリアを絞り込む

次は、「何を」「どこで」「誰に」「どう売るか」の「どこで」、つまり**地域戦略**についてみていきましょう。

中小企業が狙うべき地域戦略は、エリアを絞り込み、限られたエリアでシェアをとることです。市場占有率が高くなるとさまざまなメリットがありますが、ひとことで言えば効率が良くなる。これに尽きます。

●地域戦略で市場占有率ナンバーワンになった事例

エリア内のシェアをとることと効率アップの関係がよくわかる、実際の事例をご紹介しましょう。

私と長年お付き合いのある、ある建築会社の話です。

大都市圏に接する、その会社は、一戸建て住宅を専門としている地域占有率ナンバーワンの建築会社です。

自社で建てたという「割と大きな戸建て住宅」くらいの一軒家が本社屋で、勤める社員は約40名。しかし、年間売上は70億円以上で、社員1人当たり経常利益は２０００万円（業界の平均は約90万円）も稼いでいる会社なのです。

その経営方針は、とにかく自社が強いエリアから外に出ないことです。政令指定都市に隣接していながら、決してそちらの仕事には手を出そうとしません。

●シェアナンバーワンになれば自然に優位になる

エリアでシェアナンバーワンをとった同社のもとには、たくさんの下請け業者がいつでも仕事に協力してくれる体制を整えています。安定的に仕事をくれるシェアナンバーワンの会社が最優先なので、他社が仕事をお願いしたくても、なかなか引き受けてくれません。

逆にシェアナンバーワンの会社からすれば、**関連業者を懸命に集める、などという労力は不要**です。

地元の不動産業者は、土地が売りに出ると真っ先に取引件数が一番多い同社に情報を持っていき、同社で「これなら売れる」と判断すると、すぐに現金で買い取ってしまいます。売り情報が出た時点で押さえてしまいますから、他社が買い取って開発したくてもできません。

住宅の購入を考えている顧客も、地元でナンバーワンの会社だと頭にインプットされているので、「ここなら間違いない」と信用してくれます。苦労して宣伝を打たなくても、知名度は十分な状況です。

このように、シェアナンバーワンの会社になると、人手も情報も信頼も集まってくるので、効率良くビジネスが進むようになるわけです。

●大手が狙わないエリアを狙う

この会社が成功した大きな理由は、大手が狙わないエリアでナンバーワンになったことです。

まず売上ですが、大手建築会社からすれば、年間売上70億円といってもさほどインパクトはありません。どうせ狙うなら、マーケットが格段に大きくより効率的に稼げる隣の政令指定都市を狙うでしょう。

たとえ同じエリアを狙ったとしても、協力してくれる建築業者は見つけにくいはずです。

全国区の建築会社でも支払い条件はさほど変わらないので、「どうせなら、顔も性格もよく知っている担当がいて、これからも安定して仕事をくれそうな地元の会社と仕事しよう」と下請け業者は考えます。

それでも無理やり仕事を頼みたいなら、あとは条件を良くするしかありません。しかし、そこまでして入っていきたいマーケットかというとそうでもないので、結局大手は手を出さないのです。

このように、中小企業の地域戦略では、**大手企業がそこに攻めていっても、苦労して攻めるだけの魅力がないという状態をつくっておく**ことが重要なポイントになります。

02

何を　どこで　誰に　どう売るか

エリア決めのために情報を地図に落とし込んでみる

●チェーン店なら店舗ごとの売上と利益を地図に書き込む

中小企業のエリア戦略は、限られたエリアに絞ることが重要ですが、勘に頼ってやみくもに決めてしまっては成果が出せません。

粗利益を効率的にアップするためにも、その第一歩として、情報を地図に落とし込んでみましょう。

落とし込む情報は、飲食店チェーンであれば、店舗ごとの売上や利益です。全店の売上をいくら検討しても、エリアの絞り込みには使えません。

現状でどこが強いエリアなのかを確認するために、どの店舗でどれだけ売上と利益があるのかを地図に書き込んでみてください。Aエリア、Bエリア、Cエリア……なごと分けて分析し、利益を上げていないお店については対応を考え、改善の見込みがなければ早めに撤退します。

全体が弱いケースもありますが、その場合は、商品・サービスと、地域・客層の関係を再検討して、方針を決めます。

●ポスティングや折り込み広告でエリアごとの反応をみる

単店舗の場合は、来店した顧客にアンケートで、どのエリアから来ているのか書いてもらうような方法も考えられます。協力してくれる客数にもよりますが、ある程度数があれば傾向はつかめるかもしれません。

また、エリアごとの反応を確認する手段としては、ポスティングや折り込み広告を利用する手もあります。ポスティングはもちろん、新聞の折り込み広告もエリア指定が、ある程度できるようになっていますので、検討してみましょう。

データが収集できたら、なぜ強い地区と弱い地区があるのか、原因を探っていきます。原因を判断したうえで、弱い地区はカットするのか対策を取るのか、複数の弱いところがあれば、すべて捨てるのかいくつか残すのか、などを決めていきます。

03

何を　どこで　誰に　どう売るか

いくつかの指標に注目して効率の良し悪しを量る

●1人当たり経常利益で見るのがベスト

「どこで」の指標としてみていくのに最適な指標の1つは、やはり**1人当たりの経常利益**です。売上でなく経常利益を見るのは、実際の儲けから判断すべきだからです。

店舗展開をしている場合、小さな店よりも大きな店のほうが売上は大きいのが当たり前ですが、店舗で働く従業員の数で利益を割ってみると、意外に小さな店舗のほうが利益率は高い、などということがわかるかもしれません。

●営業マンの移動時間と粗利益の関係で判断する

訪問販売など営業が主体の会社の場合は、営業マンの時間分析も、効率良く稼げるエリアかどうかの判断材料になります。

注目するのは、営業マンの**移動時間**です。

単純に考えれば、往復3時間かかる顧客を1件訪ねて3万円稼ぐよりも、会社の近所にいる顧客を3時間で3件訪問して9万円稼いだほうが、利益はアップします。ですから、やはり中小企業の地域戦略の基本は、**コンパクトな範囲に限定する**、となります。

実際には、そう単純ではなく、遠くても利益率が高いマーケットがそこにあるという場合も考えられます。自社から遠いものの魅力あるマーケットで捨てがたいなら、今度は支店を出すべきかどうかを検討します。

支店を出すまでの自力がない、あるいはそこまでボリュームのあるマーケットではない場合は、毎月何週目の1週間などと決めて営業マンがホテルに泊まり込み、集中的に営業をかけるなど、売り方を変えることも視野に入れて考えます。

その判断材料として、まずは営業マンのかけている移動時間を日報などで調査し、その営業で稼いだ粗利益の関係を分析します。さらに、ほかのエリアと比べて効率が良いのかどうかを比べれば、地域戦略を決める参考になります。

ポイント

営業マンの時間を次の３つに分けて考えている。
①：商談、面談など、お客様とやりとりする時間
②：社内での業務時間　③：移動時間
意外と①が少ないのでは？

●本社のある県内限定で店舗展開した例

効率を求めた地域戦略の成功事例を2つ紹介してみましょう。

1社目は、静岡県で炭焼きレストランを店舗展開している「さわやか」です。

看板料理は100%牛肉の炭焼きハンバーグで、品質管理責任者が毎日食材の菌検査を行い、複数のスタッフが試食して食感や味などの基準をクリアしていることを確認したうえで、各店舗へと食材を運び出しています。

ただ、100%牛肉にこだわり、品質管理を徹底しているレストランならほかにもあるので、商品だけで差別化することはなかなか難しいと考えられます。

それでも、県内で知らない人はいないほどのチェーン店に発展したのは、独自の地域戦略に理由があります。

さわやかの店舗は全部で31店（2018年9月現在）ですが、県外には1軒もありません。静岡県内でしか出店しないのは、早朝に加工した肉を工場から出荷し、品質を保って届けられる範囲が県内までだからという理由だそうです。たしかに、地図上で店舗をみると、その多くは東名高速道路沿いにあり、食材のデリバリーに便利な場所で店舗展開していることがわかります。

それが結果的に地域戦略としてマッチし、県内ナンバーワンのハンバーグチェーンに成長しました。

●地域戦略と営業戦略で圧倒的ナンバーワンに

ナンバーワンになったことで県内に名前が知れ渡ると、地元のお店ということもあってユーザーは安心感を抱き、繰り返し利用することで愛着もわいてきます。そうなると、全国展開している大手ハンバーグチェーン店が進出してきても、地元の人たちはふるさとの味、さわやかを選ぶわけです。実際、同社のコンセプトとして「店舗＝ふるさとの家」「元気の出る団らんの場づくり」などをうたっています。

さらに、地元の人がお店で働いていれば、顧客と従業員の間に人間関係が生まれ、ますます安心感は高まるでしょう。

地域戦略プラス、営業戦略で地域ナンバーワンになったさわやかは、年商73億円（2017年度）を売り上げています。飲食店で年商1億円を超えれば立派な数字ですが、さわやかの場合は、1店舗あたり2億4000万円。大成功といっていいでしょう。

●6万個のお弁当を当日注文・当日配送するための工夫

2社目は、東京都大田区に本社と自社工場をかまえる、デリバリー弁当の「玉子屋」です。都心部のお昼時は一斉に昼食を求めてお店に殺到するので、並んでまで食べたくないというニーズに、デリバリー弁当はマッチします。

しかし、デリバリー弁当の会社なら他にもあります。街に出れば、手作り弁当のお店やコンビニエンスストアなど、購入先の選択肢はいくつもあります。

それでも、玉子屋のお弁当が求められるのには理由があります。

1つは、日替わりで1種類しか選べないものの、平均7種類のおかずが入って450円というコストパフォーマンスの良さです。1種類を1日平均6万個作る、というスケールメリットを生かして大量生産することで製造コストを下げ、販売価格に反映しています。

もう1つの特徴は、当日の朝10時まで注文を受け付け、当日の昼12時までに作り立てのお弁当を配送してくれる点です。

1日6万個以上、しかも10時までの注文に応じなくてはならないので、同社では**配**

送先を、東京23区のうちの15区と神奈川県の一部地域に限定しています。江戸川を越えないのがポリシーで、江戸川から向こうの会社から注文が来ても、丁重にお断りするそうです。これが、玉子屋の地域戦略です。

●地域戦略や緻密な配送オペレーションにより魅力あるお弁当配送を実現

1日平均6万個を作る玉子屋ですが、廃棄率は1日平均わずか0・1％未満と、驚くべき数字を保っています。

10時の締め切り時間から作り始めては昼12時までの配送には到底間に合わないので、メニュー・天候・曜日など過去のデータをもとに作り始め、精密に出した予測注文数のお弁当を積み込んだ車が担当エリアに出発してしまいます。

その後、ドライバーには会社のオペレーターから、どこにいくつ配送するか情報がいき、並行して10時までに入った注文分を製造、追加で別便が配送していきます。

限定された地域、1種類のメニュー、緻密な配達オペレーション、圧倒的な製造スピード。これらがそろってはじめて、約6万個を最小限の廃棄ロスで、450円のお弁当を当日注文・当日配送できるようにしたのです。

04

何を　どこで　誰に　どう売るか

出店時は大手の手薄な地域を狙う

●大手が狙わない、一定の顧客が見込めるエリアを探す

大手企業は、資金力があるので広域展開に強く、人材も豊富なので大都市圏の営業でも圧倒的に強いものです。

経営資源の豊富な大手企業とまともに戦っても、中小企業に勝ち目はありません。ですから、大手が魅力を感じないであろうエリアで、なおかつ一定の顧客がいる可能性の高いエリアを探すことが、ビジネスを続けるには非常に重要になります。

すでに開業していて移転することが難しいなら、「どう売るか」を工夫してシェアを伸ばす方法を考えてみてください。これから開業する、もしくは店舗展開を狙うという場合は、時間をかけてエリアを研究し、攻める場所を決めれば、その後の成功確

率がぐっと高くなります。大手が手を出さないエリアに、自社の経営資源を集中的につぎこんでシェア獲得を狙うのが、中小企業の戦い方です。

徹底したエリアの研究が重要

しかし、実際にはほとんどの経営者は、土地勘があるからとか、この町が気に入ったなどといって、安易にエリアを決めてしまいます。

そのため、腕のある寿司職人が、「自分なら、どんな場所でもやっていける」と不動産屋が持ってきた都内の一等地の空き物件を、よく調べず契約してしまったところ、ほとんど客が来ないまま赤字続き、などということが起こってしまうのです。

都内の一等地なら、腕のいい職人が何人もいて当たり前です。すでにシェアをとってしまった複数ライバルたちがひしめくなか、何の策もなくあとから入って、勝てるほど甘くはありません。

少なくとも出店前には、そのエリアの周りをぐるぐる回って、ライバル店がいるかどうか、時間帯・曜日ごとの人の流れの多さはどうか、程度の確認くらいはしたいものです。そうした研究が非常に大事なのです。

05 エリア拡大は「まず隣から」

何を　どこで　誰に　どう売るか

●まずは1店舗目を成功させる

将来的に店舗展開を考えるとしても、まずは1店舗目を成功させなければ話になりません。最初の戦いに勝つためにも、地域を限定して経営資源をそこに集中し、局地戦に勝つことです。

限定されたエリアでシェアをとったら、そこではじめて、横の展開ができないかと考えます。店舗を増やしたり支店を出したりする場合は、遠方ではなく隣のエリアなど近い場所から検討するのが基本となります。

ローカル（地方）で1店舗目を成功させて、次は東京・銀座に店を出す、などというケースはよくありますが、成功した中小企業の例をあまり見たことがありません。

あこがれの地に自分の店を出したいという気持ちはわかりますが、ビジネスを成功させたいなら、**近いところから着実に広げていくべき**なのです。

同じ路線沿線での店舗展開は成功確率が高い

エリア拡大の教訓にぴったりの話があります。

Cという私鉄沿線だけに、小さなバーを店舗展開している方がいるのですが、最初のお店の成功に気を大きくしたその方は、次にJR線沿線をターゲットにお店を出しました。ところが、JR線沿線での店舗展開はさんざんで、まさにコテンパンにやっつけられて撤退したといいます。

実は、C沿線とJR線沿線は、それほど遠方というわけではありません。しかし、沿線に住む人の層が違っていたことが問題です。沿線によって家賃相場が違うように、そこに住む人の経済力や生活習慣、文化まで変わってきます。バーの経営者はそこを読み間違え、C沿線のお店と同じように出店して失敗したのです。

その後、JR線沿線での惨敗を踏まえ、C沿線に戻って店舗を次々と出したところ、今度は大成功したのだそうです。

●営業エリアがかぶったとしても同じ客層を狙う

恐らく、バーが開いているこの時間のC沿線を利用する人はだいたいこのくらいの年代で、1回来店して使うお金が2000円くらいまで、ハイボールが好かれる、などといったことまで把握しているのだと思います。

客層がみえるので、お店の家賃はここまでが限度で、駅から何分くらいまでなら嫌がらない、などという地域とのマッチングができるのでしょう。地域性と地域住民の特性をつかんでいたかどうか、そこが明暗の分かれ道だったのではないでしょうか。

店舗展開で、同じ沿線の駅を1つずつ攻めていくというのは、似たような経済力や文化を持つ人が多いという意味で、実に理にかなった方法だと思います。

営業エリアがかぶりそうで、近くに展開するのはムダが多いように感じる方もいるかもしれません。

しかし、同じ客層がいる地域を攻めたほうが、成功の確率は圧倒的に高く、確実にシェアを伸ばせます。**飛び石のようにではなく、隣に隣に……**と店舗展開するのが、中小企業の戦い方なのです。

沿線での店舗展開は 1 つ隣が鉄則

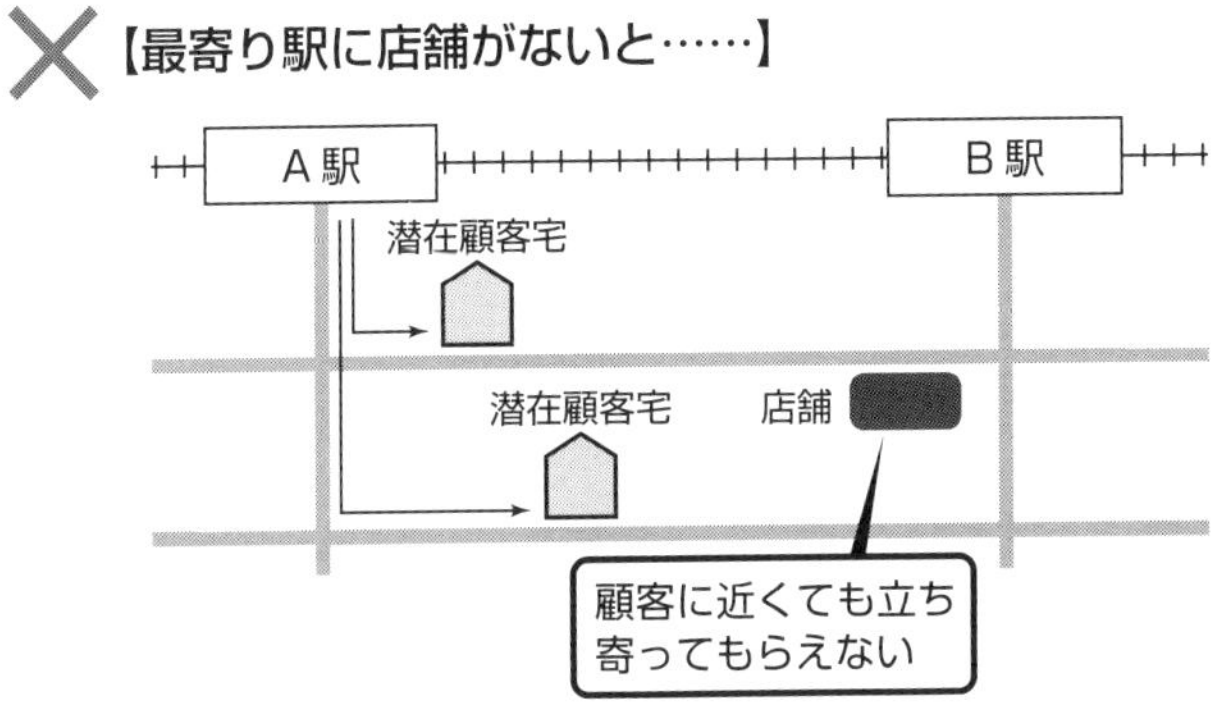

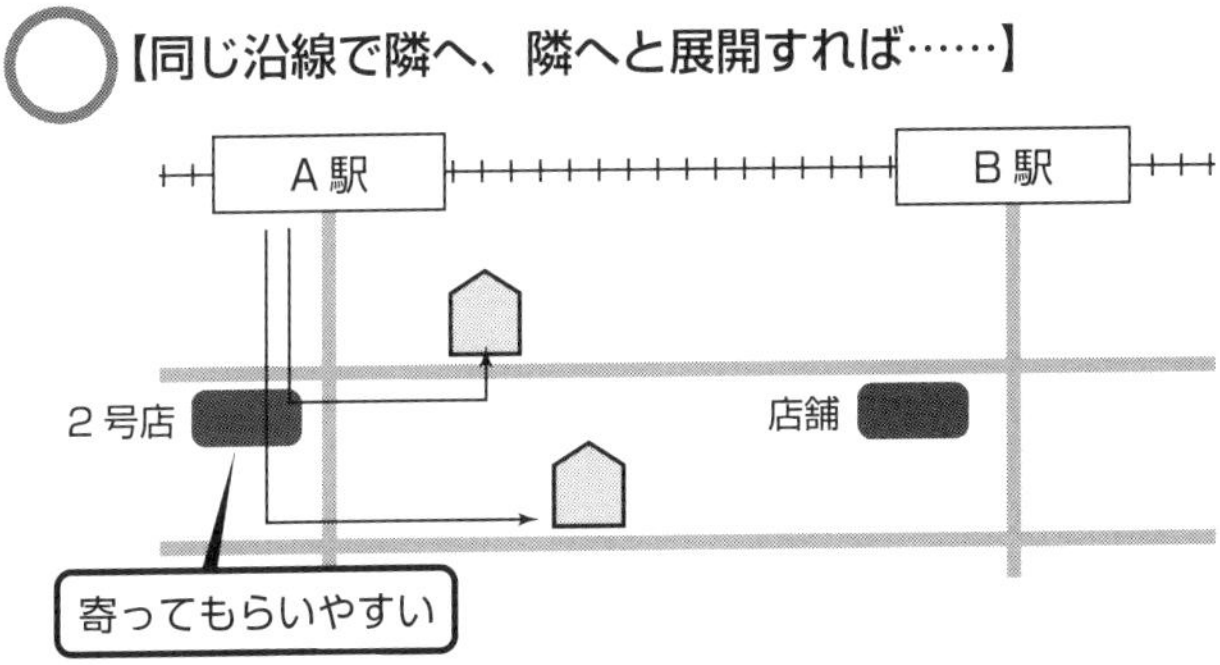

顧客の自宅から最寄り駅までの範囲に店舗があるなら入店の可能性もありますが、そうでないエリアにいる人は、よほどのことがない限り立ち寄ってもらえません。隣の駅、隣の駅…と 1 駅ずつ展開すれば入店してもらえるチャンスは増えます。
同じ沿線には似たような経済力・文化の人が住んでいることが多いので、そういう意味でも効率良い集客が見込めます。

06

何を　どこで　**誰に**　**どう売るか**

資本と人手にモノをいわせる大手の逆をいく

●大手は大都市圏を狙い、マス広告を活用する

ここからは、「**誰に**」「**どう売るか**」をみていきます。

経営資源の限られた中小企業に対し、大手企業は、潤沢な資金と人材を背景に市場シェアをとりにいきます。大手が狙うのは主に大都市圏など人口が多い地域で、地域一帯をむらなく制覇していこうと考えます。

むらなく、盲点やすき間をなくすために地域全体へ営業攻勢をかけ、ほかの会社が参入するすきを与えず、ライバルになりそうな会社が成長する前にその芽を摘み取ろうとします。

資金が豊富な大手企業は、マス広告も積極的に活用します。テレビCMや新聞・雑

誌広告、インターネット広告に街頭のデジタルサイネージと、不特定多数の人に向けて自社や自社商品を覚えてもらおうと資金をつぎこみ、大量の消費を誘導することで広告費を上回る利益を回収するのです。

●中小企業は現有の自社営業マンで直接営業する

中小企業が大手の真似をしても、資源に限界があるので対抗できません。１日の売上が数十万円の小売店が、何千万円も使ってテレビＣＭを打ち、いくら知名度を上げても、ＣＭ代金に見合った利益は回収できません。

中小企業の営業戦略は、むしろ大手と逆をいくのが基本です。地域は、できれば大手が狙う首都圏をはずし、首都圏でやるとすれば大手がまだ手を出していないすき間を探し、限られた範囲に営業マンを集中します。

また、大手は広範囲に営業をかけたいため、代理店を使った間接営業を積極的に選択します。

これに対して中小企業は営業マンの数が限られるので、今いる人材で**無理なく回れる範囲のエリアに限定し、顧客と直接会って営業をかける「接近戦」**をとるべきです。

07 営業も差別化で大手に対抗する

何を　どこで　誰に　どう売るか

●強い営業エリアを絞り込む

中小企業は、一騎打ち戦や局地戦、いわばゲリラ戦のような戦い方をするべきです。それが、弱者の戦略の基本である、営業における「**差別化**」です。

広範囲にまんべんなく営業を行う大手に対し、エリアを限定して資源を集中投下し強い地域をつくっていくことを目指します。98ページの地域戦略と同じ手法です。

営業をかける限定エリアを選ぶには、営業が有効なエリアかどうか把握する必要があり、そのためにまずエリアを細分化します。たとえば、エリアは○○市ではなく、○○町の1～3丁目にはどんな顧客がいて、4～6丁目はライバルのテリトリーだから難しい、などと考えていくわけです。

ポイント

大手企業やライバル企業に戦略が知れると真似される可能性がある。
戦略は隠密作戦で進める。

顧客の細分化は、自社の売りたい商品・サービスにもよりますが、たとえば、年齢層別・性別・所得層別などで分け、営業をかける相手を絞り込んでいきます。

分析して、売りたい商品が高級な食材だとしたら、ライバルが少なく平均所得も高そうな●町から▲町にある小料理屋を重点的に営業しよう、という具合に「営業すべき」エリアがみえてきます。

●こまめに顧客を回って関係性を築く

人手の少ない中小企業だからこそエリアを限定すると書きましたが、先に紹介したように、限られた狭いエリア内をこまめに営業して回ることも、重要な営業戦略です。大手のように卸売業者や代理店に任せきりにせず、顧客と直接会って関係性を築くような**直接営業**をしてこそ、大手との差別化になります。

大手の戦略に「ミート戦略」といって、弱者と同じことをやって勝つ方法がありますが、1件ずつこまめに顧客と対面する方法は、手間がかかり大手にはなかなかできません。手間暇のかかる営業や、独占してもあまりうまみのないニッチな市場を狙った営業は大手企業が真似をできないという意味で、営業の差別化といえるでしょう。

ミート戦略

大手企業がとる「ミート戦略」とは、たとえば、中小企業のとがった商品の類似品をすぐに出す、中小企業がチラシを撒いたらその数倍の枚数のチラシを撒く、という具合に、中小企業の差別化の効力を薄めるような追随戦略のこと。

●営業の差別化で安定した収益を上げる

営業の差別化で新規商品の開発に成功した事例を紹介します。

ある食品卸会社の経営者の方が、新規事業としてワインの輸入を手がけることにしました。ただ、輸入ワインでも、フランスやイタリア、スペイン、オーストラリアなどメジャーな国のものでは、大手商社に太刀打ちできません。

そこで以前、プライベート旅行で口にしておいしかった、東欧の小国・モルドバ共和国のワインを思い出しました。日本ではあまり見かけない、つまり大手商社があまり輸入しない東欧のワインなら他社と差別化できる、しかも味は確実に良い、ということでモルドバのワインを輸入することに決めたのです。

しかし、この事業はリスクの高いものでした。

ワインの輸入には、関税や保管する倉庫代などの経費がかかりますし、ワイン本体はすべて買い取りだったので、売れなければ経費も含め、すべて会社の損になってしまいます。

それでも、当時、日本ではワインブームが来ていましたし、あれだけ味が良ければ売れるだろうという考えで、ワインの輸入免許を取得して、直に買い付けすることにしました。

●会社オーナー自らが1軒1軒、丁寧に説明

買い付けは無事に完了し、何千本単位で国内に持ってきたものの、最初は一向に売れませんでした。「良い商品なので、どこかのルートに流せばきっとさばける」と高をくくっていたのですが、誰も知らないワインですから、いくらおいしくてもその価値が誰にもわからず、引き合いがなかったのです。

大量に流すだけの量がないので、たとえ卸業者に流せたとしても、ほとんど儲けはありません。もともと食材を扱っていたので、同じルートでポツリポツリと売れてはいましたが、このままではほとんど売れ残ってしまいます。

そこで、ターゲットを絞り、**リッチな顧客にワインを提供している高級クラブなどのお店に直接、営業をかける**ことにしました。

商品そのものは、フランスやイタリアの高級ワインに引けを取らない品質だったので、大衆的なお店よりも、ある程度の高級店を狙って1軒ずつ丁寧に回るようにした

のです。

買い付けから輸入、販売まですべて経営者の方が1人で行っていたので、丁寧に1軒1軒紹介していくためにも、1人で回れる狭い地域を営業エリアとしました。

●顧客ニーズに商品がマッチし安定して売れるように工夫

これまでの仕事の縁故を頼り、ある程度高級なお店にサンプルを配りながらモルドバワインを紹介していったところ、少しずつ扱ってくれるお店が増えていきました。

ある程度高級なお店なら、品質の高いワインは常にそろえておく必要があり、そのニーズに、モルドバワインはぴったり合ったのです。

一定以上の高級店には、やはりそれなりに舌の肥えたお客がついています。もともと質の高いモルドバワインは、「これは、うまい」といって常連客の一部に受け、繰り返し買ってくれるようなお店が徐々に増えていきました。

一般的にワインは利幅が大きめの商品ですが、もともとのロット数がそれほど多いわけではないので、「花形商品」とまではいえません。

しかし、従業員数人で運営している会社にとって、一定の注文がきちんととれ、安定して儲けの出る商品があるのとないのでは、違いがあります。

一度ルートを作ってしまえば、ワイン製造所に毎年必要なロット数を確保してもらい、輸入して倉庫に預けておけば、あとは伝票を通すだけの作業で一定の利益が確保できるようになります。

●大手企業は手を出しにくい、中小企業ならではの方法で成功

中小零細企業は、大手商社のようにフランスやイタリア、スペインのワインを売っても勝てない、だから実力があるものの日本ではあまり知られていないモルドバワインを独自に輸入した、という商品戦略は功を奏しました。

しかし、モルドバワインが安定して売れる商品になったのは、ターゲットとなる一定以上の高級店に対して、経営者1人で丁寧に商品説明して回れる狭域を攻めたからです。

輸入実績のほとんどない国に行って直接買い付け、丁寧に1軒1軒回って販売ルートを作る。大手企業ならまずやらないことですが、中小零細企業にとっては、「こんなやり方もあります」という1つの見本になるような事例です。

08 直接販売で顧客の信頼を勝ち取る「接近戦」で勝負

何を　どこで　誰に　どう売るか

●中小企業には直接販売が向いている

中小企業の営業は、間接販売でなく直接販売が基本です。

では、直接販売と間接販売の違いはどこにあり、なぜ中小企業は直接販売が良いのでしょう。

直接販売は、ごく簡単に言えば、自社の営業マンが顧客のもとに行って直接自社の商品・サービスを売ることとです。一方、間接販売は、自社の営業マンではなく、卸売業者や販売代理店などに自社の商品・サービスを売ってもらうことです。

両者にはそれぞれメリット・デメリットがあります。

次ページの図をご覧ください。

直接販売・間接販売のメリット・デメリットを整理しておく

直接販売	間接販売
【メリット】 ・営業マンが直接顧客と対面するので、顧客のちょっとしたニーズまで把握でき、きめ細やかなフォローアップや新製品・サービスの開発につなげられる ・自社商品を強力にアピールできる ・中間業者にマージンを支払う必要がないため利益率が高い	【メリット】 ・営業マンの人件費がかからない ・自社の規模にかかわらず、中間業者の営業マンの人数やカバー範囲が大きければ、それだけ広範囲に営業することが可能
【デメリット】 ・自社で営業マンを雇わなければならないので人件費がかかる ・人材が限られれば営業範囲も限定される	【デメリット】 ・顧客と対面するのは他社の営業マンなので、微妙なニーズがつかめず、きめ細やかなフォローアップができない ・中間業者にマージンを支払う必要がある

限定したエリアで営業を行うのが中小企業の基本戦略ですから、営業範囲が限られるという直接販売のデメリットはマイナス要因にはなりません。

むしろ、間接販売の「顧客のニーズがつかめない」「細やかなフォローアップができない」というデメリットのほうが影響は大きいので、中小企業は間接販売ではなく直接販売が向いている、ということがわかります。

●接近戦と割賦販売で顧客との関係をつくる

直接販売として、1つの優れたモデルと思われるやり方を行っている会社を紹介します。

米国の大手工具メーカーである「スナップオン」（スナップオンツールズ㈱）は、日本でも自動車整備工場向けにルート販売を行っています。

販売員は、工具をいっぱいに積んだバンで、決められた担当エリアを定期的にぐるぐると回り、荷台に積んだ工具を直接、自動車工場の整備士に手に取ってもらい、販売につなげています。

つまり、整備工場だけに顧客を絞った、訪問販売というビジネスモデルです。

工具そのものは正規販売店から買えば永久保証なので、それほど頻回に営業車が来ても需要があるとは思えないかもしれません。しかし、製品の信頼性が高いうえに使いやすく、種類も豊富でメッキがけされたその工具は飾りたくなるような美しさで、新製品が出たら必ず買うという収集家もいるほどです。

ルートを限定して顧客のもとへ直接、営業マンが何度も訪れ、自社商品をアピールしていく。まさに、中小企業が基本とすべき局地戦、接近戦を実践しています。

スナップオンのルートセールスがユニークなのは、その**集金方法**です。

工具の代金は、振り込みではなく現金回収が基本になっています。そして、その場で全額回収するわけではありません。分割払いで、今回は3000円、再来週営業に来たときにまた3000円……と、分割払いにすることで、顧客との関係がずっとつながるようなしくみをつくっているのです。

ユーザーにとっても、プロ用の工具は安いものではありませんから、分割にしてもらえば助かるという人も多いでしょう。

昔はよくあった**「割賦販売」を利用し、顧客との距離を近づけ、長く付き合えるような工夫をしている**、こんな会社もあるのです。

09

何を　どこで　誰に　どう売るか

受注型事業の場合は小さな業界・顧客を狙う

●ナンバーワンになりやすい代わりに、大量生産が難しい

顧客からの注文を受けて個別の商品・サービスを売る「受注型事業」には、さまざまあります。

受注型事業は、技術や対応力、ノウハウに優れていれば、ライバルがなかなか市場に入ってこられないのでナンバーワンになりやすく、顧客数や単価によっては、大きな収益を上げられる分野とされています。

しかし一方では、個々に異なる顧客のリクエストに応えなくてはならないため、大量生産で儲けるということができません。

受注型事業

注文住宅に代表される建築業、メーカーの発注を受けて町工場で指定のネジを作るような製造業、オーダーメイドのスーツを作る服飾業、クライアントの悩みに応えるコンサルタント業、近年は、顧客の求めるプランを形にする受注型企画旅行なども話題。

●ロットの大きい事業は中小企業にきびしい

この、受注型事業でも、ロットの大きいところを狙うと、たちまち大手にやられてしまいます。

たとえば、制服・事務服などのユニフォーム受注生産業です。

全国展開している大企業の制服を受注するとなったら、大勢のライバルに囲まれてしまいます。

そのライバルたちを押しのけて契約できたとしても、商品の完成後、「破れた」「汚れた」などの交換用として、一定数以上の在庫を常に抱え、いつでも渡せるようにしておかなければならないのです。自社倉庫がなければ倉庫代がかかり、人手もばかになりません。

デザインの打ち合わせなど、何かあるたびに呼び出されれば、その労力も中小企業にとっては負担です。それが自社から遠い場所にあれば、負担は増すばかりです。

さらに、ここまで一生懸命に対応しても、それほど儲からないかもしれません。売上高は当然大きいとしても、粗利益でみると意外に儲けが少なかった、などということとが多いものです。

●ロットが小さければ顧客との信頼関係を築きやすい

中小企業は、そうした大きなところを狙うより、扱い量の少ない顧客を狙うべきなのです。ユニフォームにしても、遠くにある大企業の数万人分の制服より、近所の草野球チーム20人分のユニフォームです。

たとえ少数のオーダーでも、顧客に直接対面して「シアトルマリナーズ風のデザインにしますか？」「背番号と名前はどう入れますか？」などと細かくオーダーを聞き、手間をかけてあげれば、信頼関係が生まれ、次の仕事へとつながるかもしれません。

そして、大手も、そこまで細かい仕事は効率が悪いので、手を伸ばそうとはしてきません。技術やノウハウさえあれば、ライバルがいないこの市場で、ナンバーワンになることも可能です。

●工夫次第で利益は生まれる

受注型事業は、個別のオーダーに対応するため、建築業など一部を除いて、一気に大きく儲けることが難しい分野ですが、儲けるのが特別難しいというわけではありません。

私のお付き合いしている会社では、**事業の問題点を見直すことで、利益アップに成功しました**。

アパレル業の会社で、事業の1つとしてネーム加工の請負をやっていました。インターネットのECモールでオーダーを受け付け、受注したら送られてきた商品とデータを下請け業者に持っていってミシンでネームを入れてもらい、自社に持って帰って個々の顧客に発送する、という一連の作業を繰り返していました。

ところがある時、商品を運ぶ人手が足りなくなってしまい、なんとか人手をかけずに対応できないかと考えた結果、自社では商品を受け取らないことにしたのです。

ネームを入れたい顧客からの預かり物は、顧客から直接、下請け業者に送り、ネーム加工を終えたら今度は、下請け業者から顧客へ直接送ってもらうようにしました。

この方式に変えたことにより、一部の既存の顧客からは、注文数も減りましたが、粗利益はむしろぐんと増えたそうです。

【コラム3】

成功する会社がやっている、意外なこと

成功する会社には、共通点が多いものです。社長の性格、会社の雰囲気、風通しの良さなどなど。

私がいろいろな会社にうかがっているうちに、意外な共通点に気が付きました。それは、成功している会社は、どこもトイレがすごくきれいなことです。先に出てきた不動産屋さんもしかり。床に水滴1つ落ちていないのです。イエローハットさんも、とても美しいトイレでした。お聞きしたところ、社長自らが率先して掃除を始められたそうです。トイレをきれいにすれば、それだけで業績が良くなるわけではないでしょうが、こういうことにも意識を向ける感性と、愚直にやり抜く心が、業績アップにも通じるのではないでしょうか。

そういえば、トイレが汚くて業績のいい会社って、お目にかかったことがありません。

さて、あなたの会社はいかがですか？　もしあまりきれいでなかったら、小さなことから始めてみませんか？

第５章

事例でみる中小企業の経営戦略

本章のポイント

- ☑ 事例の1と5は、本業以外の事業に手を広げて経営状態が悪化しているケース。10人規模の会社は本業に集中するのが基本

- ☑ 業績全体を眺めていても改善は難しいので、商品セグメントごと、店舗ごとなどで分析し、どこに原因があるのかを探る

- ☑ 売上額の大きい顧客でも、粗利益率が高いとは限らない。粗利益が今後も期待できないなら、思い切ってカットすることも考える

- ☑ 手広くやるより、エリアや顧客対象を限定したほうが業務がうまく回り、経営改善することも多いと心得る

成果が出た時、本業以外にも
事業を広げようと
考えたことはありませんか？
売上が欲しいからと、
効率の悪い仕事でも
受けていませんか？

事例 1

何を　どこで　誰に　どう売るか

地域と客層の絞り込みで差別化に成功

●別事業の赤字がふくらみ、破たん寸前に

最初の事例は、チェーン展開している美容室の例です。

当初は、カットからパーマ、ヘアカラーまで一通りのメニューがある一般的な美容室チェーンで、東京の下町、高級住宅街、隣県のスーパー内と、バラバラの地域に展開していました。

並行してネイルサロンなどの別事業も行い、これが足を引っ張るとともに儲けを生まない本社事務所をなぜか東京の中心部に借りてしまい、徐々に赤字が膨らんでいって、ついに事業をたたむことになったのです。

ただ、美容室チェーンの赤字は年間1000万円程度で、ほかの事業ほど大きくは

「4つの要因」解説

何を＝カットのみというサービスを
どこで＝都心をやめて下町中心
誰に＝下町の庶民
どう売るか＝リーズナブルに

なかったため、元社長から「店を続けるなら譲るが、どうする？」と2人の若い店長の美容師に声かかかり、2人で事業を引き継いで再スタートを切ったところから話は始まります。

●まずは店舗ごとの収支をチェック

これまで経営にタッチしたことのない美容師の経営者2人がまず着手したのは、店舗ごとにどれくらい利益が出ているかチェックすることでした。

全体の決算書を作っても、どこをどうしていいのか、判断はできません。したがって、1店舗ごとに、売上、人件費、家賃などの数字を出して、儲けがいくら出ているかを月別に見ていきました。

調べた結果、東京・下町の3軒と隣県のスーパーに入った1軒は儲けが出ているものの、都内高級住宅地にある1軒は赤字だったということがわかりました。

そこで、都内の中心部はライバルが多いので避け、下町や郊外を攻めようという方針が固まり、赤字のお店は思いきって閉店。残りの4店舗でどういうふうに展開していくかを検討し始めました。

●絞り込んだメニューで客層を限定

下町中心ということを考え、予想される客層に合わせ、まず価格を下げることを検討しました。１５００円のワンプライスです。

そして、価格を下げた代わりにメニューをカットのみに絞り込み、一般の美容室との差別化を図りました。こうして、「専属の美容師が１５００円でカットしてくれる」という新たなコンセプトでリニューアルしたのです。

店舗の改装というとお金がかかるものですが、お金をかけずシンプルにいこうということで、基本は鏡と椅子を置いただけ、お店によってはパーティションを設置して完了です。強いてお金をかけたことと言えば、シャンプーをしないので洗面台やシャワーを取り除いたこと、出入口に予約を押さえるタッチパネルを設置したことくらいでした。資金面に不安を抱えている2人が、このように最低限の手直しでリスタートが切れたのは、とてもラッキーでした。

カットのみに特化したので、シャンプーやヘアカラーが必要な人は、別のお店へ行くしかありません。しかし、「できるだけお金をかけたくない」「シャンプーは自宅でやればいい」という**下町の客層のニーズにそのコンセプトがぴったり合った**おかげで、リニューアルから間もなく、ファミリーを中心としてお客さんがつき始め、常時何人かが待っている状態になりました。

●出遅れた店舗も1年後に繁盛店に

スタートから順調に推移した東京の下町にある店舗とは異なり、スーパーに入っている隣県の店舗は、顧客に認知されるまでに少し苦労しました。

実は、スタート前の話し合いで、隣県の店舗はほかの店舗と離れすぎていることから、「大変ではないか」と懸念していたのです。コンパクトなエリアを攻めるという弱者の戦略のセオリーから外れている、という懸念もありました。

しかし、閉店するには原状回復しなければならず、大きな出費を覚悟しなくてはなりません。2人は検討を重ね、**客層も東京・下町と同じ庶民的な人たちだったので、**認知されれば必ず儲けを出せる、スーパーの一角にあるので買い物に来た主婦に認知され一度利用してもらえればリピーターになってくれるかもしれないと判断し営業続行を決めた、という経緯があります。

スーパーの買い物客にお店を知ってもらうため、チラシを配り、立て看板を作ってアピールしていたところ、隣に偶然、ヘアカラーだけの専門店がオープン。これが相乗効果になり、「カットしてから、隣のヘアカラー専門店で染めてもらう」というユーザーも出てきて、リスタートから約1年で繁盛するお店に復活しました。

●事業引き継ぎから5年後、1人当たり経常利益が50万円に

突然の経営者交代から約5年が経過し、今では経営も健全化、マイナスから始まった同チェーンも、売上が約2割増えています。

2人の経営努力によって、**1人当たり経常利益額は50万円**となっています（業界平均は約20万円）。金額だけみれば決して大きくはありませんが、赤字を5年で脱したこの数字は立派なものでしょう。

突然の経営者交代劇があるまでは、決算書すら見たことのない美容師たちでしたが、毎週土曜日の朝、出勤前に経営の勉強を欠かさず、日々努力を重ねていった結果、見事にマイナスを跳ね返しました。

そして今は、弱者の戦略をベースに、新しい店舗展開を始めました。

美容室チェーンの経営改善ビフォー・アフター

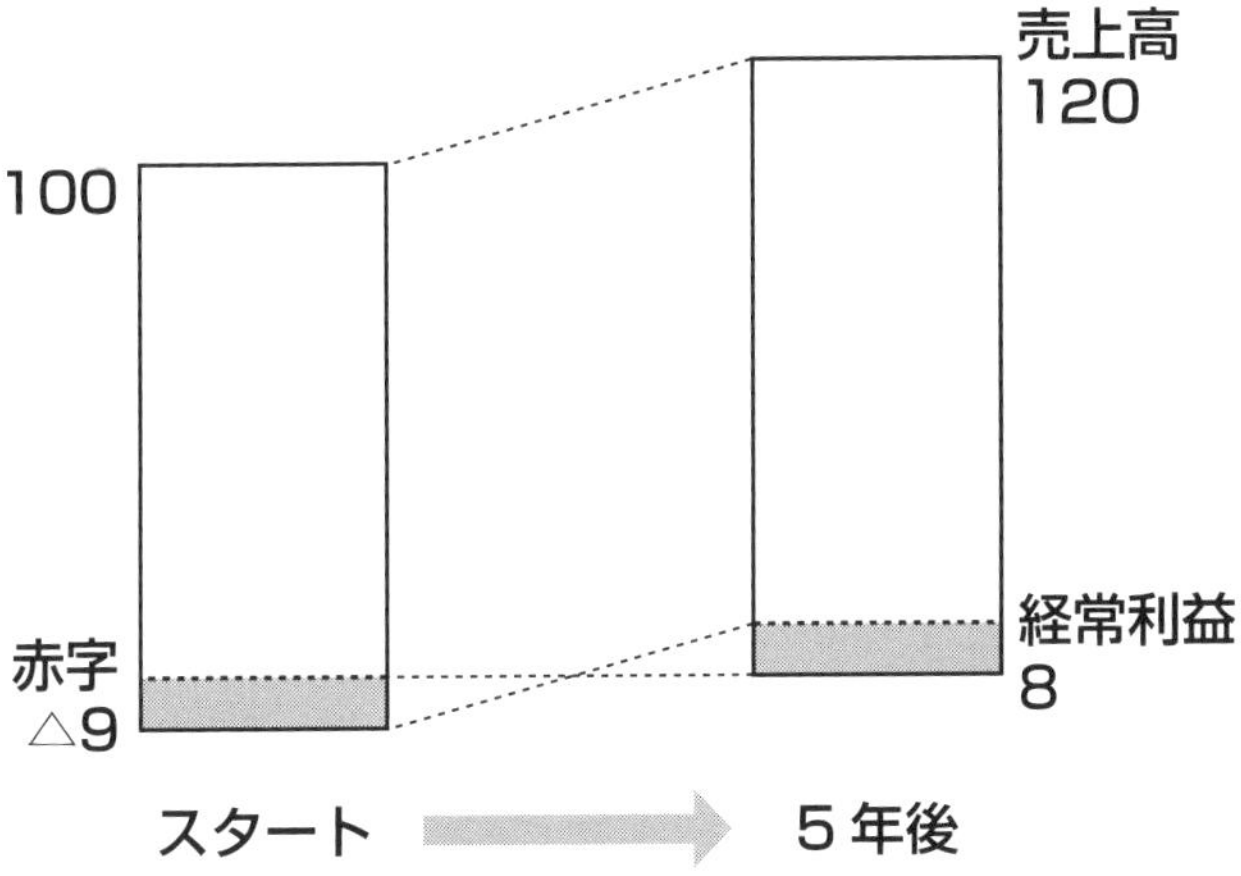

社長交代から 5 年で……

・売上高はおよそ 20％増加

・経常利益は黒字転換

・1 人当たり経常利益は黒字転換

△35 万円 / 人　→　50 万円 / 人

（業界平均 20 万円 / 人）

ポイント

「美容師としての思考」から、「経営者としての思考」に、勇気をもって切り替えられたことが第一の勝因！

事例
2

何を　どこで　誰に　どう売るか

顧客を限定して1人当たり経常利益が3倍に増加

●交通事故をきっかけに地域戦略を検討

5年ほど前からお付き合いの始まった、内装リフォームの会社の事例です。

この会社は、社長夫婦と息子さんが営んでいるファミリー会社で、息子さんが経営を引き継ぐため、「経営についてアドバイスしてほしい」という依頼を受け、取り組みが始まりました。

当時は、マンションのリフォームから飲食店の内装まで、お願いされればどんな内装工事も引き受け、しかも**遠方でも受注していて**、時には現場から戻ってくると夜中になっている、という日々をすごしていました。

経営状況のほうはというと、決して良くはなかったものの、仕事は順調に受注でき

「4つの要因」解説

何を＝歯科に特化した内装を　**どこで**＝限られた地域で

誰に＝歯科医院のみに

どう売るか＝歯科専門でやってきた経験の蓄積により過去のモデルケースを使って顧客が内装を選びやすいように

ていましたし、顧客からの評判も上々でした。

ところがある日、遠方の現場からの帰り道に新社長である息子さんが自動車事故を起こしてしまい、仕事で使っていた車を廃車にしてしまいました。それをきっかけに、「あまり遠方の現場は受けないほうがいい」と、エリアを絞ることを検討し始めました。**思わぬきっかけで、弱者の戦略を取り入れることになった**のです。

●現状を把握するために顧客ごとの利益率を分析

エリアは、会社の場所を中心に、東京の東側だけ、とあいまいながらも絞り込みました。

次は、**顧客の分析**です。

この会社は、仕事が順調に入ってきて忙しいにもかかわらず、どうも儲からないという状況が続いていました。

そのため、利益がどのくらい出ているのか、1件1件の仕事を見ていくと、貸し倒れになっていたり、良いものを作っても言いがかりをつけられて値引かれたりと、請求した金額が支払われていないケースが多々ありました。紹介ではない遠くの顧客で

事業承継でのポイント①

起業するにしても事業承継をするとしても最も重要なのは経営者の実力。自らの責任で起業する人は全責任を自ら背負う覚悟ができている。しかし、事業承継の場合、渡す側も引き継ぐ側もその覚悟が甘いことが多い。

も、言われるままに仕事を受けてきた弊害がここに出ていたのだと思います。

顧客データを眺めながら顧客の状況を尋ねてみると、「歯医者さんは信頼してくれて、よくしてくれますね」と新社長が一言ぽつり。それから、歯科医院の仕事に注目するようになりました。

●利益率の高い歯科医院の仕事が増加

「歯科医院が増えるといいね」という話をしたあと、この会社は、歯科医院の仕事に注力していきました。

しかし歯科医院に絞っていったのは、意図して特化したというより、自然の流れに任せた結果だったようです。

きっかけは、ある歯科医院での仕事が非常に好評だったことで、その歯科医院の院長から、横のつながりで別の歯科医院を紹介され、またそこの院長から紹介されて、どんどん歯科医院の仕事が増え、ほかの仕事を断らざるを得なくなったということでした。

実は当初、新社長はまだ、いろいろな仕事をやりたがっていたのですが、弊社で経

事業承継でのポイント②

引き継ぐ側も、この弱者の戦略を少なくとも3年くらい勉強しておいたほうがよい。そうすれば、渡す側も安心して、権限を委譲できるからだ。

営の勉強をしていたこともあり、歯科業界に特化するという弱者の戦略を柔軟に取り入れ、すぐに業績は上向き始めました。

●受注が増えるごとに仕事はスムーズになり利益率も改善

歯科医院のリフォームは、一般的な物販の店舗と違って、さまざまなルールがあります。

まず、患者が治療を受けるために寝る歯科用ユニットには水が欠かせませんが、その床に水道管や排水管を通さなければなりません。また、歯科用ユニットは重量があり、床に一定以上の強度が求められます。さらに、放射線が関係する歯科用レントゲンを設置することも多いので、独特の知識や気遣いが必要になります。

だからこそ、**「わかっている」内装業者が喜ばれる**わけです。

さらに、手がけた物件が増えると、それだけサンプル事例として使える写真や図面のバリエーションも増えるので、次の顧客への提案がスムーズになっていきます。

「先生が希望するグレードでこの広さなら、このサンプルのような内装に歯科用ユニットを2台増やして、このような感じでいかがでしょう？　価格はだいたい〇〇万円で収まると思います」

このように写真つきで即答されれば顧客も安心でき、出来上がりをイメージしやすくなります。

内装リフォーム会社としても、紹介で仕事を受けることが多いため、以前のような貸し倒れや無理な値引き要求などもなく、正当な利益がもらえます。

このようにして、歯科医院の仕事に集中した結果、利益率も改善して、順調に業績を伸ばしていきました。

●わずか3年で経常利益は業界平均の約3倍に

エリアや請負業種の絞り込みまでスピーディーだった同社は、改革に取り組んでからわずか3年で、**1人当たり経常利益は220万円**（業界平均約90万円）となりました。

もともと良い仕事をしていたので、エリアと利益率の良い仕事に絞り込んで一気に業績が改善したのでしょう。特に苦労することも我慢する期間もなく、うまい具合に「何を」「どこで」「誰に」「どう売るか」がピタッとハマった例です。

歯科医院専門内装リフォーム会社の
経営改善ビフォー・アフター

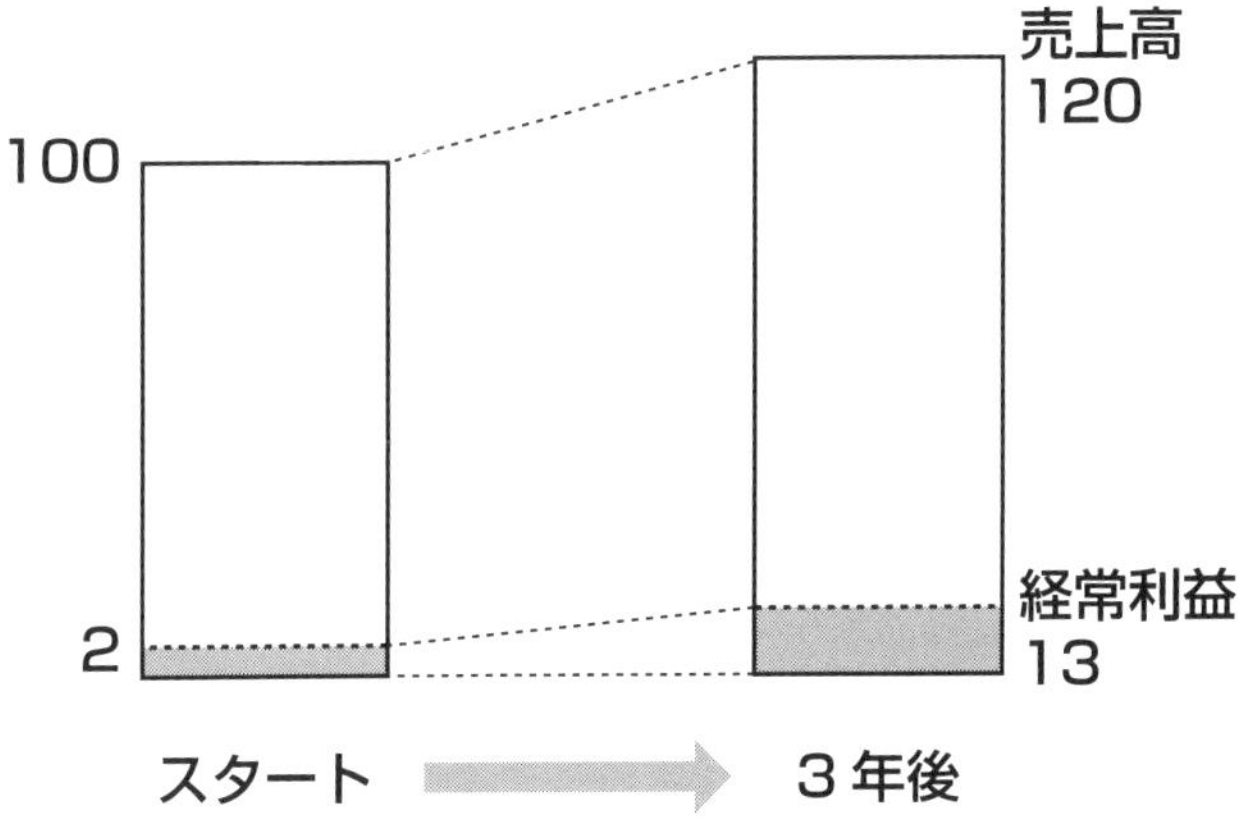

経営改善から 3 年で……

・売上高はおよそ 20%増加

・経常利益はおよそ 6 倍に増加

・1 人当たり経常利益はおよそ 7 倍に増加

30 万円 / 人　→　220 万円 / 人
(業界平均 90 万円 / 人)

ポイント

欲張らずに業界を絞る意思決定ができた。ここがターニングポイント！

事例 3

何を　どこで　誰に　どう売るか

地域戦略、客層戦略で地域ナンバーワンに

●支払手形を振り出さない会社にしたい

先代社長のお父さんの急逝で、工務店を引き継いだ息子さんの事例です。

もともとは、急逝したお父さんの保険金の処理について相談を受けたのですが、しばらくして、新社長である息子さんから「会社経営についても相談したい」と声をかけられたところから、お付き合いが始まりました。

いくつかの小さな問題はありましたが、新社長が気にしていたのは、引き継いだ会社の借入金や支払手形の多さでした。

当時、20人弱の会社で30億円くらいの売上があり、経常利益率は1％くらい、1人当たり経常利益は約150万円（業界平均約90万円）ですから、経営状態もそれほど

「4つの要因」解説

何を＝――　　**どこで**＝本社がある市内の顧客に絞る

誰に＝売上ではなく利益率の高い顧客を中心に

どう売るか＝すぐ組み立てられるように加工して、スピーディーに配達する

悪くはありませんでした。

しかし、「支払手形を振り出さなくてもやっていける会社にしたい」という新社長の言葉に共感し、さっそく見直しを開始しました。

すると、売掛金は4億円くらいあったものの、借入金も約4億円、支払手形や買掛金も4億円くらいあり、経営が立ち行かないという状況ではないものの、手形を切らないとたしかに会社は回っていきません。毎月の手形をクリアできず不渡りになれば、会社の危機ですから、新社長が気にするのも無理はありません。

●営業エリアを絞り込み、利益率の高い顧客を開拓

経営改善のためにまず見直したのは、営業地域です。

先代社長はなかなかのやり手で、県全域をエリアとして営業していましたが、それでは効率的な仕事はできません。

もともと同社は材木を扱う製材所出身の工務店なので、提供する材木は納入前にあらかじめ組み立てやすいように加工して、現場に届けるというスタイルで、取引先から重宝されていました。

重たい材木を何本も積み下ろしするのですから、**現場は近いほうが良いに決まっています**。そこで、遠くの現場を受けるのはやめることにし、会社を中心として営業エリアを絞り込み、県内全域ではなく、本社のある市内に限定して効率化を図りました。

見直しの第2弾は、**取引内容の分析**です。どんな取引をしているのか、中身を1件ずつ分析していきました。すると、思わぬ結果が見えてきたのです。

最大の取引先で、売上額は同社で上位となる大手不動産会社が、粗利益率を見ると一番低かったのです。

具体的には、他社の粗利益がだいたい10%強なのですが、その会社は他社の半分程度しかありませんでした。

私は「社長、これどうしますか?」と問いかけました。

相手は大手企業ですから、お付き合いがあるだけでも1つのブランドであり箔がつく、という社長の胸の内はわかりますが、あまりにも利益率が低すぎました。

悩んだ末、結論としては、大手とのお付き合いは続けつつも粗利益率の低い注文は徐々に減らしていき、代わりに利益率の高い顧客を営業で開拓していきましょう、という方針を固めました。

●改善開始から3年で粗利益率が少しずつ上昇

営業面では、売上高は大きくなくてもいいので、粗利益が取れる顧客を開拓する方針を貫きました。

これらの戦略が徐々に効果を現し始めたのは、改善スタートから3年目くらいの時点でした。そこから、年に1％強くらいのペースでじりじりと粗利益率が上昇していったのです。売上30億円近い世界の話ですから、1％といえども実際の利益としてはなかなかの数字といえます。

実際、**1人当たり経常利益が、当初のほぼ倍にまで増加しました。**

●「限定した地域にも顧客はいる」とわかってから改善が加速

実は、改善に着手してすぐに成果が出たわけではありません。

会社の経営状態を改善したいと強く希望していた新社長でも、最初はなかなか経営方針を変えることができませんでした。

躊躇したのは、利益率の良くない顧客をカットすることです。業績を上げるために既存の顧客の一部をカットして一時的に売上を下げる、という決断がなかなかできなかったのです。

その変化は、ゆっくりとしたものでした。エリアを絞り込んで営業していくうちに、「会社の近所だけでも、優良顧客はいるものだな」ということがわかり、同社にとって、より良い顧客が今後も獲得できそうだという自信が芽生え、利益率の低い顧客の仕事をカットできるようになったのだと思います。

こうした見直しができたのは、エリアの絞り込みはもちろん、顧客ごとの取引状況をしっかり分析したからです。

全体の売上や利益率だけでは、なかなか改善ポイントは見えてきません。手を付ける場所を特定するためにも、セグメント別や店舗別、この事例のように顧客別など資料を作り込み、現状を的確につかんでいく必要があります。

「何を」はそのままで、「どこで」「誰に」「どう売るか」の3つを見直し、売上を一時的に落とす決断を経てきた同社は、この4年でみるみる業績を改善し、目標だった支払手形での支払いはなくなり、現在は地域占有率ナンバーワンを獲得しています。

地域・顧客を見直した工務店の
経営改善ビフォー・アフター

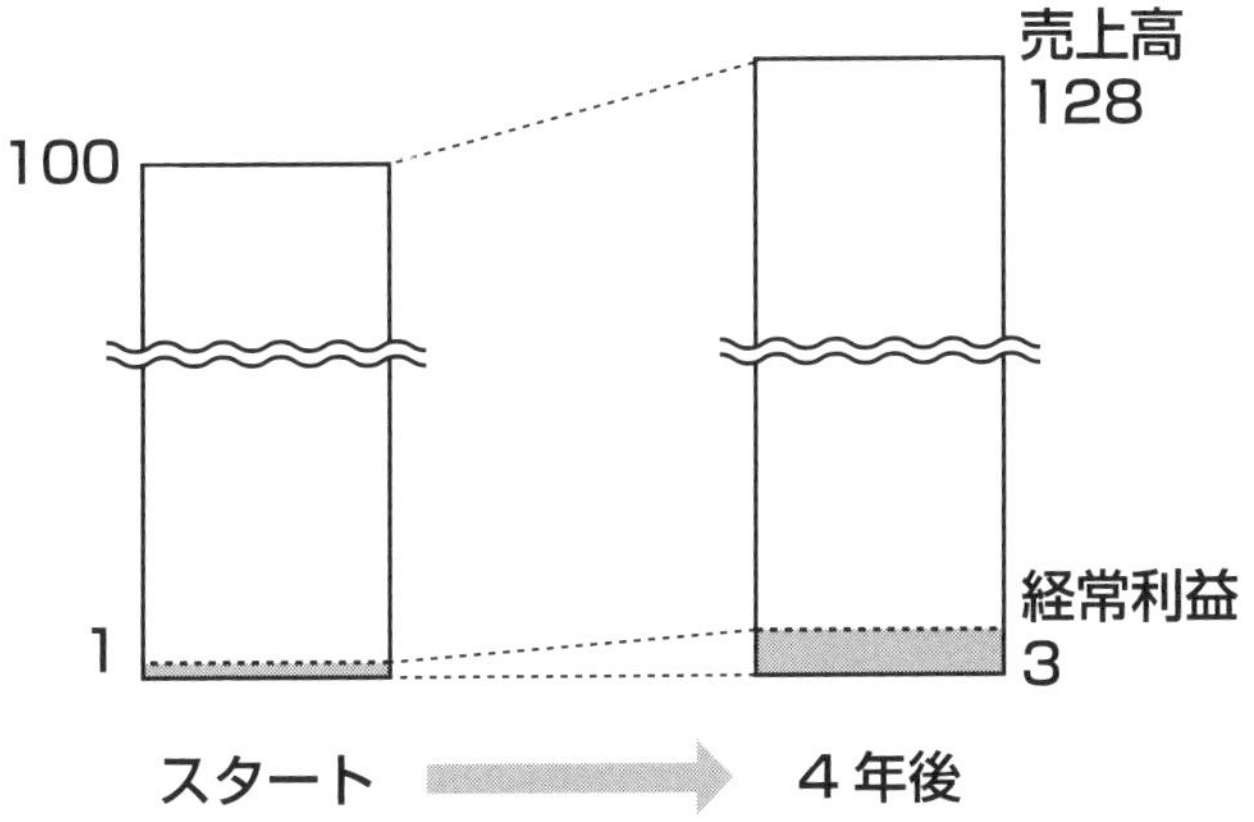

経営改善から４年で……

・売上高はおよそ 28％増加

・経常利益はおよそ３倍に増加

• 1 人当たり経常利益は約倍増

110 万円 / 人　→　200 万円 / 人
(業界平均 90 万円 / 人)

ポイント

お客様を絞り込むという勇気をもった決断と、地道な営業努力が、成功の鍵！

事例 4

何を　どこで　誰に　どう売るか

遠方への営業をカットし占有率アップ

●競争が激しいアパレル会社でも利益を出す

こちらは、成果そのものはまだまだで、現在進行形で改善に取り組んでいる、アパレル会社の例です。

同社はユニフォームの卸業を主な事業として取り組んでいますが、近年は大手アパレル企業や他業種の企業も参入してきて、かなり競争が激しい、儲けを出すにはきつい分野になってきました。

改善の取り組みが始まったのは、社長が若い後継者へバトンタッチするにあたり、しっかりと経営力を身に付けてきちんと利益を出してもらいたいという思いから、お声がかかりました。

「4つの要因」解説

何を＝――　**どこで**＝遠方をやめて都内で

誰に＝都内の顧客に　**どう売るか**＝接近戦で直接アプローチ

弱者の戦略を弊社で一緒に勉強していくにつれ、「今までのやり方ではダメだ」と悟った若社長は、いくつかの決断をすることになります。

●小回りの利く小さなエリアを全員で営業

今までのやり方でまずかったと若社長が気づいた点は、新規顧客のほとんどはインターネットを通じて日本全国から来ていて、そのすべてに丁寧に対応をしていたことです。

ネット上でコンタクトしてくる人の多くは、「こういうユニフォームはできませんか？」と同社に問い合わせつつ、別の業者に相見積もりを取っています。そのため、すべてに対応していても成果につながるケースは少数です。

注文が取れたとしても、都内の会社が北海道や九州の顧客に対応するには、旅費や往復の時間がかかりすぎ、かえって赤字になりかねません。

そこで若社長は、会社のある都内に営業エリアを限定して、全員で顧客開拓をしていくという意思決定をしました。

同社はもともと、特注デザインのユニフォーム制作を得意としていて、いちからデザインを顧客と一緒に考えるため何度も打ち合わせたり、商品を納めたあとも、新しい社員が入れば追加を持っていったり、破損した分を持っていったりと、細かな対応が必要なことも多く、小回りを利かせて対応するためにも会社に近いエリアの顧客を獲得したかったという狙いもあります。

インターネットでは、SEO（検索エンジン最適化）で都内の人が見やすいようにしたり、逆に、営業エリアを「都内」と限定する表記を追加したり、といったことを営業活動と並行して行っています。

●地域戦略により社用車保有の経費も浮いた

営業エリアを都内に限定したことで、実は設備面でもかなりダイエットができました。

営業は都内だけという意思決定をする前、営業マンは全員、自社の車でクライアントを回っていました。しかし、都内だけなら電車のほうが早く、渋滞も避けられるので、思い切って自社保有車を処分したのです。

車1台の維持費はばかになりません。それが複数台分、おそらく百万円単位の維持

維持費はばかになりません

車の保有コストは意外と高い。購入代金、ガソリン代、車検代、そして駐車場代。「本当に車が必要か」と考えてみよう。

費を支払う必要がなくなったのは、中小企業としては大きな経費削減になったことでしょう。

基本は電車移動で、駅から離れていればレンタサイクルを利用し、さらにどうしても車が必要なら、カーシェアリングを利用しているそうです。

●3年経った今、弱者の戦略を徹底

遠方からの注文をカットするというのは、非効率で経営の足を引っ張るとはいえ、若社長にとってはかなり苦しい決断でした。

しかし、弱者の戦略の勉強を始めてから3年ほど経った今は、ぶれずに自身で決めた戦略を着々と実行しています。

同社には、全国的に知られる有名企業からの注文も珍しくないのですが、つい先日も、地方にある某プロ野球チームのユニフォーム作製のオファーがありました。しかし若社長は、「**当社の戦略には合わない**」ということで、即日、丁重にお断りしたそうです。

1年、2年と弱者の戦略を勉強し、エリアを絞るのが中小企業の鉄則だとわかっている人でも、徹底するのは難しいものですが、なかなかの決断力といえるでしょう。

●地域戦略プラス顧客戦略で経営は徐々に改善

実際のところ、1人当たり経常利益はまだ改善途中の状態で、これからの推移を見守っていく必要がある事例です。

しかし、全国から来る、成約に至るかどうかわからない非効率的な注文に追われる時間を、近隣の顧客へ直接アプローチするためにあてることができるようになったおかげで、直近の売上額は少しずつ伸びてきています。

さらに、エリアを絞ったことで、前述したように、さまざまなコストダウンが実現できているので、確実に業績は上向いてきました。

現在は、顧客に密着したスタイルへと営業方法をシフトし、さらに顧客の細かなニーズに対応する接近戦方式を定着させています。

地域戦略から顧客戦略へ。苦しい社会情勢のなか、生き残りをかけた戦いの第2段階に入ったところです。

ポイント

若社長が経営者としての実力を確実につけているとわかり、前社長は安心して全権限を委譲し、今は奥様と好きな旅行を楽しんでいるとのこと。

遠方の営業をカットしたアパレル会社の
経営改善ビフォー・アフター

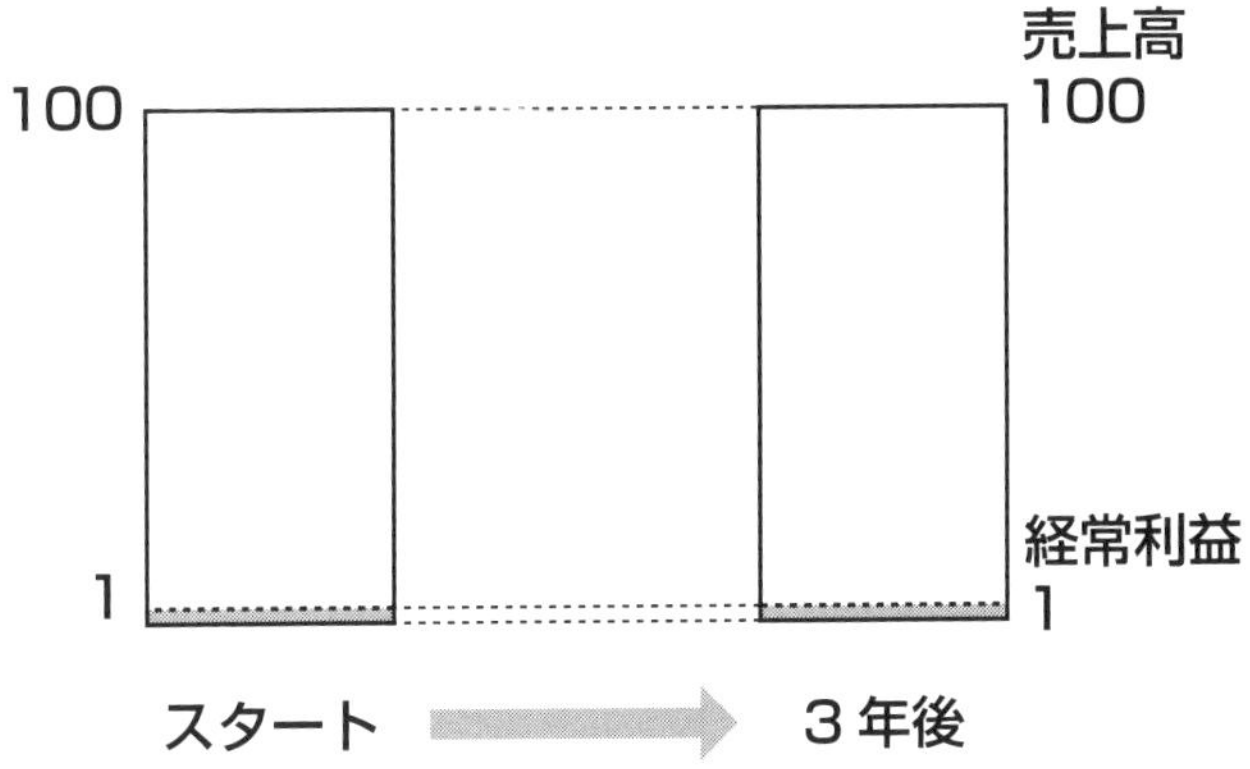

経営改善から 3 年で……

・売上高は、ほぼ横ばい

・経常利益は微増

・1 人当たり経常利益は微増

14 万円 / 人　→　15 万円 / 人

(業界平均 24 万円 / 人)

ポイント

営業会社にとって地域戦略は重要なテーマ。弱者の戦略でエリアを絞り込み、独自の営業スタイルができつつある。

事例 5

何を　どこで　誰に　どう売るか

自社の強みを見直し企業を再生

1号店が成功するものの立て続けの新規出店で失敗

最後は、多角経営に失敗し、再起を図っている飲食店チェーンの話です。

この会社の1号店は、「立ち食い寿司」という独特な形態のお店でした。新鮮な寿司ネタを、きちんと修業を積んだ寿司職人が握るけれど、立ち食いでお客の回転が速いため、リーズナブルな値段で提供できる、というのがビジネスモデルです。

回転寿司とは違う、本物の寿司が2000円くらいで手軽に食べられる。この形態が、都心から少し離れたJR線沿線のエリア・客層にぴったりとマッチして、1号店は非常に繁盛しました。

この成功で次の一手を考えた経営者は、エリアや業態の違うお店を出店します。

何を＝立ち食い寿司だけに集中する　**どこで**＝都心をやめて郊外で
誰に＝一般庶民に。1号店と似た客層に
どう売るか＝寿司職人がすべてやるスタイルで

同じ立ち食い寿司のお店を、都心に出し、さらに当時流行ったカフェも立て続けにオープンさせてしまったのです。

がんばって設備投資をしたのですが、投資額に見合うほどの集客はできず、特にカフェ事業は大きな赤字を出し、結果的に新規店舗はすべて撤退せざるを得なくなりました。

●勉強をすることで過去の失敗の原因を理解

私が経営者の方とお付き合いし始めたのは、店舗撤退という失敗のあとでした。今からもう10年以上も前になるでしょうか。

失敗を取り返すチャンスを窺っていた社長に私は、「エリアや業態をよく考えて出店しないと、失敗を繰り返すことになりかねません。ここらへんで、きちんと勉強しておきませんか?」と声をかけ、私どもと弱者の戦略を学ぶことになったのです。

勉強を続けていくうちに社長は、中小企業の経営者としてやってはいけないことをやったのだなと、自身が失敗した理由を明確に理解していきました。

勉強をしながら、これまでの自身の戦略を振り返ったその経営者は、1号店の立ち食いスタイルについて、庶民的なエリアでやればまだまだ需要はあると考えました。「当社の特徴を評価してくれる客層の多いエリアで立ち食いスタイルのお店を出していくのが、今考えられる一番手堅い戦略だ」と結論付け、改革を始めています。

●お店のスタイルが固まり、店舗展開を再開

再スタートにあたり、ホールスタッフが集まらないという問題が起こりました。

そこで決断したのは、**寿司職人だけで営業するスタイルへの転換**です。職人に、ホールスタッフの仕事も兼任してもらおうということです。幸い、ホール仕事を兼任してもよいという職人は集まり、これで人材難の問題はなんとかクリアできました。

店内はカウンターだけ、お店の広さも坪数はせいぜい5坪程度ですから、職人の手の届く範囲でお客に提供することは可能でした。

こうして、お店のスタイルも固まり、先の見通しも開けてきましたが、まだ改革に着手したばかりで、ようやく経営が回るようになってきたところです。

それでも、挫折してもおかしくないような大きな失敗から、一歩ずつ前進することを決めた社長の覚悟には、心を動かされるものがあります。

立ち食い寿司チェーンの経営改善ビフォー・アフター

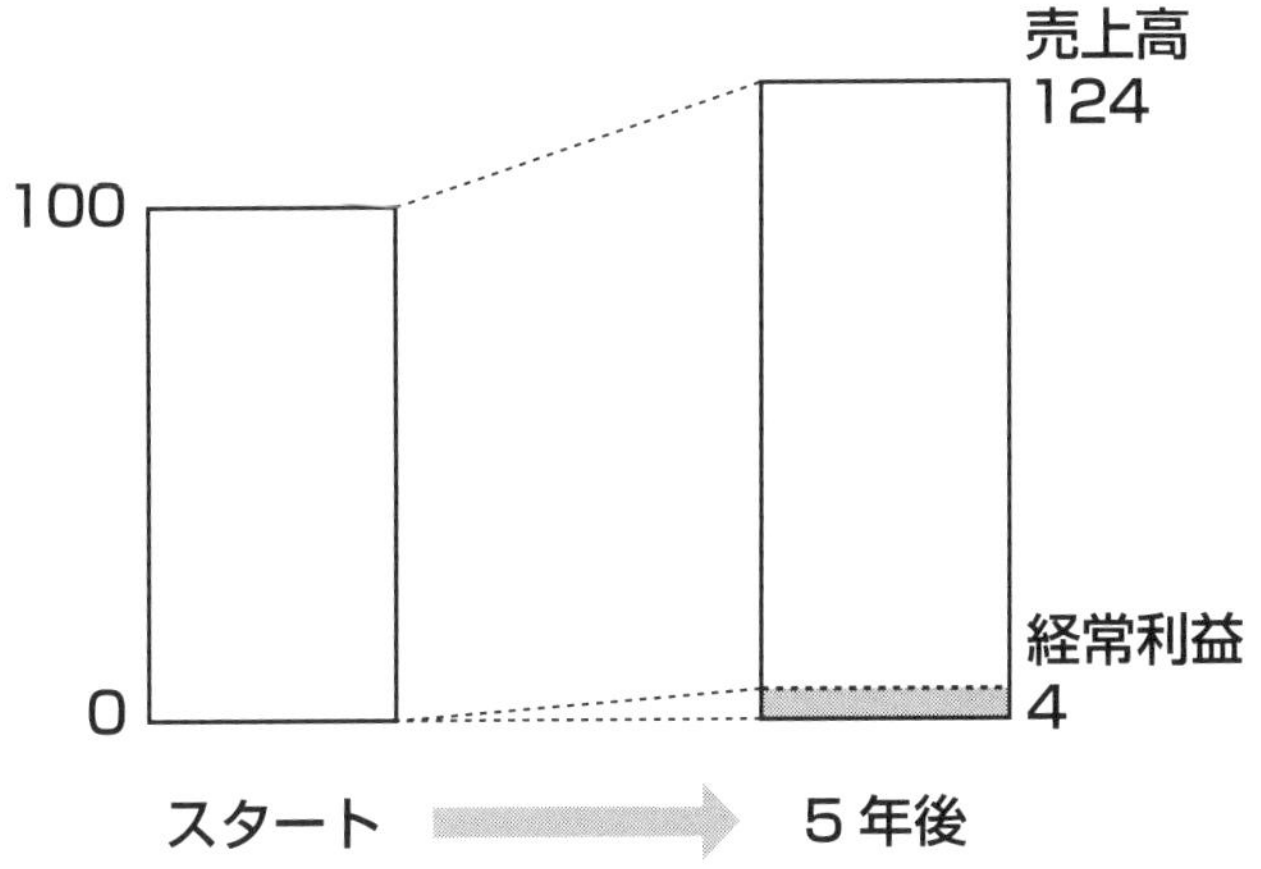

経営改善から 5 年で……

・売上高はおよそ 2 割増加

・経常利益は黒字化

• 1 人当たり経常利益は黒字化

0 円 / 人　→　10 万円 / 人

(業界平均 15 万円 / 人)

ポイント

自らの失敗の原因を謙虚に認める「素直な心」と、そのうえで自社が勝っていくスタイルを再考する「柔らかい思考」がキーポイント！

【コラム4】

「理想的な事業承継」を頭に入れておく

事業承継には、経営の承継と財産の承継があります。

私は仕事柄、財産の承継をよく扱いますが、今は税制も変わり、いろいろな対策も研究されていて、こちらは何とかなる問題だと思っています。

これに対して経営の承継のほうが、厄介なテーマだと思います。経営の中心は、形がなく、つかみどころがない。戦略と戦術の区別もつかないため、社長の役割を正しく認識している経営者は少ない。これでは、経営を承継しても、健全な状態でいられる可能性は少ない。

戦略は、「お客様の都合」「競争相手の都合」「自社の経営力」の３つを総合的に考えて、業績をよくする会社全体の効果的なやり方を決めること。これは、従業員の仕事ではなく、社長の仕事なのです。

後継者には、このことをしっかりと学んでおいていただきたいと、切に願います。

後継者になるために必要なこと

1. 経営戦略の研究。社長の役割を正しく知る
2. 会社のリーダーとしての強い責任感を持つ
3. 仕事時間を一定量多くして、本業に打ち込む

第6章

日々の勉強の継続が実力アップには不可欠

本章のポイント

☑ やるべきことがわかっても、それを実行し継続するのは意外に難しい

☑ 今までのやり方を変えて業績を改善するには、「弱者の戦略」を何度も繰り返し、刷り込むことが重要になる

☑「弱者の戦略」を頭に刷り込ませるためにも、日々の勉強を継続することが不可欠

☑ 株の運用で本業が不調な分を取り戻そうとする経営者もいるが、そこに時間を割く分、本業に集中したほうが効率ははるかに良い

ここまで本書を読んで
「すぐ実行できそう」と
簡単に考えていませんか？
本業が不調でも
他のことで補てんできると
思っていませんか？

01 勝ち続けるためには日々の勉強が重要

●優位に立つものを1つずつ増やしていく

中小企業ならではの**「何を」「どこで」「誰に」「どう売るか」**、それぞれの戦略について解説してきましたが、そのすべてにおいて他社より優位に立つというのは、なかなか難しいでしょうし、それが難しい業種もあれば、「すでに開業して何年も経つので場所を再検討できない」など、個別の事情を抱えた中小企業もあるはずです。

もちろん、「何を」「どこで」「誰に」「どう売るか」の4つすべてで優位なら理想ですが、まずはいずれか1つでも差別化することからスタートしていきましょう。

たとえば、「どう売るか」の差別化で市場シェアを高めたとしたら、次に「何を」や「誰に」で優位に立つために知恵を絞ってさらにシェアをとっていく、というように1つずつ増やしていけばいいのです。**順番はどれでもかまいません。**

●弱者の戦略を刷り込み、今までのやり方を変える

読者の方のなかには、ここまでを読んで、「やることはそれほど難しくないな」と思われたかもしれません。

しかし、理解できたことと実行できるかどうかは、また別の話です。なぜなら、これまでの仕事のやり方を一度リセットして、新たなやり方に変えるのはそう簡単ではないからです。

今までの習慣はなかなか変えにくいということに加え、本書で紹介する中小企業ならではの「弱者の戦略」は、一般的にいわれている経営戦略とはだいぶ異なるという事情もあります。

しっかり身に付けるためには、毎日繰り返し、少しずつ勉強して、何度も頭に刷り込まなくてはなりません。ちょうど、ゴルフやテニスのフォームのように、一度理解して修正できたとしても、時間が経つとだんだんと覚えたことが薄れてしまい、またいつの間にか自己流に戻ってしまいます。

そうすると、次のようなことが起こります。

- ・中小企業の地域戦略の基本は、近くの限られたエリアに絞って戦うことなのに、まったく違う遠いエリアから仕事を発注されると、目先の売上が欲しくなってつい仕事を受けてしまう。
- ・店舗展開なら隣へ、隣へ、と広げていくべきところを、「都心の一等地にいい物件が出ました、早い者勝ちです」と不動産屋に勧められると、都心へのあこがれでつい「やってみるか」と乗り気になってしまう。

ぶれずに弱者の戦略を貫くためにも、定期的に振り返って自身の経営をチェックすることが大切です。

●現状の再確認、軌道修正の場として使える勉強会

自己流に戻っていないか、方向性がずれてきていないかを確認するためにも、振り返りが欠かせません。その確認作業の1つの手段として、定期的に勉強会に参加する

というのは有効な手段です。

弊社でも、「勉強したい」というクライアントの会社経営者の方が集まり、基本を確認しながらいろいろなケースを話し合う勉強会を、2週間に1度のペースで続けています。

1年も2年も勉強を続ける方もいますが、通い続ける理由を伺うと「自分のやり方をときどき俯瞰《ふかん》してみて、今やっていることが間違っていないかどうかを確認するため」と答える方がほとんどです。新たな知識を仕入れることも大事ですが、何より振り返ってどうだったかをチェックすることを重視しています。

従業員数十人前後の中小企業では、経営者といえども現場の戦力として活躍しなくてはなりません。そして、現場で戦闘モードに入ってしまえば、戦略のことを考える余裕はなくなり、目の前のことをやるだけで精いっぱいになってしまいます。

しかし、経営者は、俯瞰して、自分のやっていることが正しいかどうか、会社の経営がいい方向に向いているのかどうかを振り返らなくてはなりません。間違った方向にどんどんどんどん突き進んでしまわないよう、現状の経営の再確認、あるいは軌道修正をする場として勉強会を活用してもらいたいと思います。

●勉強会は孤独な経営者にとってのよりどころにもなる

中小企業の経営者の方は、1人で重要な決定を次々としなければなりません。孤独に戦っていることが多く、不安になることもあるでしょう。

そこで、勉強会に行って同じ考え方を持つ経営者の人たちと議論を交わせば、孤独感から解放される時間が持てます。

また、同じように戦っている経営者の人たちから批判や賛同をもらうことで、「今のままで良かったんだ」「なるほど、こっちのほうが良いんだな」と方向性の確認ができ、あらためて自分の経営に自信が持てるようにもなるでしょう。

弊社に集まるメンバーは、できるだけ業種・業界をバラしています。

それは、同じ業界の人に自社の戦略を知られたくないだろうという配慮からです。

もう1つは、他業界の人の話のほうが、刺激になるだろうという判断からです。

業界には業界の常識があり、「うちの業界なら、原価率は●%、人件費は●%」という固定観念があります。

しかし、異業種では、自社の常識が通用せず、だからこそ、別業界の経営者の話には、斬新な「気づき」がたくさん含まれているものです。

異業種ならではの刺激を受けるという意味でも、別の業種・業界の経営者とのやり取りや意見交換ができる勉強会は、非常に有効だと思います。

●覚悟をもって勉強を

中小企業に合った戦略をどう組み立て、どう実行し、間違ったらどう立て直すべきかがなんとなくみえてくるまでには、だいたい1年はかかります。そして、実際に戦略を実行して**成果が上がるまでに毎日勉強を続けても平均3年**はかかります。

一朝一夕に身に付くものではありませんが、それでもコツコツとやらなければ現状を変えることはできません。多くの中小企業は、戦略など意識せず成り行きのまま、あるいは行き当たりばったりで、会社を運営している方が多いように見受けられます。経営資源が豊富な大手企業なら、ある程度の失敗は取り返しがつきますが、資源の限られた中小企業では、1度の大きな失敗が致命傷になりかねません。

もし方向性を間違ってしまったら、最終的には会社を失うことにもなりかねません。そういう覚悟をもって日々、勉強と振り返りを行ってもらいたいと思います。

02 経営力をつけるには仕事時間を増やす

●今すぐできる経営改善のファーストステップは「時間戦略」

会社の命運は、経営者の意思決定にかかっているといっても過言ではありません。経営が良くなるかどうかは、経営者の力量次第ということです。

経営者の力量は、次のようになります。

仕事の質 × 仕事時間^2 ＝ 社長の実行力

ここでいう仕事の質とは、社長が責任をもって担当すべき仕事の知識・知恵・技術・統率力などを指します。社長が責任をもって担当すべき仕事は多岐にわたり、一通りマスターしていかなくてはなりません。そして、質を高めるために、自社に合っ

ポイント

働き方改革では労働時間の短縮が問われているが、これは社員に関する話。社長の場合、まずは仕事時間を確保することから始めよう。

た良い教材で、繰り返し学習していく必要があります。

しかし、実際には中小企業の多くは、その質があまり高くなく、これを高めるのに苦労しています。したがって、すぐにできるのは**仕事時間**を増やすこととなります。

経営者の「**時間戦略**」は、明日からでもすぐに実行できる経営改善の特効薬といえます。

●働く時間を倍にする

次のような人は、時間戦略が必要です。

- 学歴や資産的に不利
- 業歴5年未満
- 競争力のある商品・サービスがない、強い地域ももっていない
- 赤字が2期以上続いている
- 多額の借入金がある
- 主力商品が衰退期に差しかかっている

中小企業の平均労働時間は、だいたい**1850時間**です。同業他社に勝つためには、平均労働時間を大きく上回るだけ働く必要があると考えられます。

1つの目安は、ランチェスター法則の研究による、2タイプです。

次ページをご覧ください。

つまり圧勝型でも、朝8時出勤で、夜8時すぎには帰れるということです。そう考えれば、決して不可能ではないと思います。

●増やした時間を毎月・毎日の計画策定にあてる

また、増やした労働時間は、経営戦略を考える時間にあてます。

効果的な時間の使い方は次の通りです。

- ・経営戦略の研究に労働時間全体の5％＝160時間を配分（研究日は月2回）
- ・仕事の実行計画を考えるのに5％＝160時間を配分

具体的には、毎月の実行計画策定のため、月はじめに1時間を費やし、日々の経営

ランチェスター法則の研究による、時間の考え方

必勝型　1850 時間 × 1.73 ＝ 3200 時間

※必勝型：実行力 3 倍を目指す場合

圧勝型　1850 時間 × 2.00 ＝ 3700 時間

※圧勝型：実行力 4 倍を目指す場合

他社に圧勝するためには、単純に倍の時間を仕事に費やすことが必要。
多いように思えるかもしれないが、冷静に考えれば実行は十分に可能。

たとえば

1：「必勝型」を実行するとして、休日を経営の研究に使い、年間 300 日（25 日 ×12 月）働くとすると、

3200 時間 ÷ 300 日 ＝ 1 日当たり 10 時間 40 分
（+ 昼休憩 1 時間）

2：休日のうち 30 日を、さらに仕事時間に費やして年間 330 日働くとすると、

3200 時間 ÷ 330 日 =1 日当たり 9 時間 45 分
（+ 昼休憩 1 時間）

3：同じ年間労働日数で「圧勝型」を実行すると、

3700 時間 ÷ 330 日 ＝ 11 時間 15 分
（+ 昼休憩 1 時間）

者・従業員の実行計画策定に、毎朝30分費やして指示を出します。

これを根気よく3年続けた会社は、少なくとも私の知る限り、どこも見違えるように業績を上げるようになっています。

時間戦略を取り入れた当初は月単位の計画しかできなくても、1年、2年と続けていくと、翌年や3年後の計画を考えられるようになっていくものです。戦略を考える時間を増やせば、効果はもっと早く出てくる可能性もあります。

●計画策定をするのは始業前が最適

時間戦略の実行にあたっては、朝型をお勧めします。成功した経営者のほとんどは、朝型です。

成功している経営者の方たちにその理由を伺うと、どうやら朝のほうが頭はクリアで、モノを考えやすいらしいということがわかってきました。「あ、こういう手があったな」という気づきが得られやすく、新しいことを発想しやすいというのです。

逆に、仕事が終わってから考えようとしても、目の前の業務をこなそうと頭が働いているので、クリエイティブなことを考える態勢になっていないことが多いものです。また、業務中の「戦術思考」から、会社の方向を決める「戦略思考」への頭の切り替えも、なかなか難しいのです。

一般的な始業時間の会社なら、できれば午前7時半にスタートしたいところです。そうすれば、他の従業員が出社する前に、その日、会社全体で実行する業務計画を考え、頭の中を整理してから業務を実行することができます。

●アイデアが出やすいのは午前中

多くの中小企業は、日々の仕事を従業員任せにしていて、仕事の進捗管理もできていません。毎朝30分、今日の実行計画を考え指示していれば、自然と報連相ができ、仕事の進捗もわかるようになってくるはずです。

何も毎朝早く出社する必要はありません。朝の散歩で斬新なアイデアが出ることもあるかもしれないのです。

戦略を考えることはクリエイティブな作業なので、発想を得るためにも、頭をリラックスさせた状態にすることは効果的です。

03 経営者はわき目も振らず本業に邁進をするのが一番

●副業で稼ぐのは効率が悪い

本業が思わしくないからと、株式投資で目先の資金を稼ごうとする人がいます。会社に勤務する方なら、空いた時間を使った副業は会社の規定に反さない限り自由です。しかし経営者は、他社の株式に投資するよりも、**自分に投資**したほうが効率よく稼げると思います。つまり、他社の株のことを考えるより、その分、自社の戦略を考える時間にあてたほうが良いということです。

たとえば、１０００万円を運用してコンスタントに１００万円、２００万円を稼ぐのは非常に難しいと思いますが、売上１億円の事業をやっている会社で年間１００万円、２００万円の利益を増やすのは、実力がつけば、そこまで難しくはないはずです。

また、たとえ株で１００万円儲かっても、儲けはその一瞬だけで、次の日には同じくらい損をしてしまうかもしれません。一方、本業で１００万円増やすしくみをつくれば、それはこの先もずっと続く収入になり得ます。さらに、将来的にＩＰＯ（新規株式公開）ができれば、株式時価総額が跳ね上がることも夢ではありません。

●経営者なら24時間365日、自社のことを考える

経営者なら、24時間３６５日、自分の仕事のことを考える姿勢が大切です。自宅で新聞を読んでいても、テレビを観ている時も、常に「自社の仕事で使えないか？」という意識でネタを探す、それが、できる経営者になれるかどうかの分かれ道になる、かもしれません。何気なく雑誌を読んでいて、記事に書いてあったネタを取り込んだらそれが化けたなどという話は意外にあるものです。

株の売り買いなど本業以外のことをやるよりは、自分の事業のことを常に考えて磨き続けるのが経営にとって一番効果的だと考えます。

大手と違って中小企業は、資金も人材も限られるので、残るは経営者自身の知恵と時間しかありません。だからこそ、わき目も振らず本業に邁進すべきなのです。

おわりに

私は、以前、企業の再生支援をお手伝いしていました。

我々専門家が努力をしても、順調に再建できた企業は、ほんのわずかでした。再建できない原因はなんなのか。何件かの案件に取り組んでいるうちに、その理由がやっとわかりました。結局のところ、経営者の力不足だったのです。

では、どうしたら経営者の方たちに実力をつけてもらえるのか？　その答えは、さまざまな人との出会いがもたらしてくれました。

最大の転機になったのは、「税理士はもっと中小企業の経営者に合ったアドバイスをしたほうがいい」という言葉とともに、経営コンサルタントの五十嵐勉氏から竹田陽一先生のランチェスター経営戦略を教えていただいたことです。

そして、「弱者の戦略」こそが、中小零細企業の武器になると確信できました。

1人でも多くの経営者の方が弱者の戦略を学び、元気になってもらいたいという思いで本書を書きました。本書が、効率的に業績を上げる一助になれば幸いです。

曲渕　博史

【巻末資料】

1人当たり経常利益を計算してみました

（中小企業　業界平均）		（上　場　企　業）	
建　設　業	87万円	ダイワハウス	1,704万円
		ミサワホーム	206万円
		タマホーム	150万円
製　造　業	83万円	ハウス食品	3,367万円
		カゴメ	711万円
		エスビー食品	481万円
情報通信業	86万円	ＮＴＴドコモ（連）	3,393万円
		ＫＤＤＩ（連）	2,460万円
		ソフトバンクＧ（連）	513万円
運輸郵便業	48万円	日通	147万円
		ヤマトＨ（連）	169万円
		セイノーＨ	70万円
卸　売　業	112万円	伊藤忠商事	4,945万円
		丸紅	1,238万円
		三菱商事（連）	1,049万円
小　売　業	54万円	セブン＆アイＨ（連）	690万円
		イオン（連）	144万円
		平和堂	364万円
不動産業	208万円	三井不動産（連）	1,290万円
		三菱地所（連）	2,151万円
		東京建物（連）	814万円
飲食業他	15万円	サイゼリア	400万円
		くらコーポレーション	572万円
		大戸屋Ｈ	98万円
サービス業	26万円	リクルートＨ（連）	496万円
		リブセンス	148万円
		パーソルＨ（連）	159万円

中小企業：中小企業庁「平成29年中小企業実態基本調査」より
上場企業：2018年8月　Yahoo! ファイナンスより単独決算〔（連）は連結決算〕
　　　　　Ｈはホールディングスの略

著者紹介

曲渕博史（まがりぶち・ひろし）

曲渕税理士事務所（東京都中央区銀座） 所長
経営コンサルタント・税理士。

1960年長野県生。東京理科大学を卒業後、中堅半導体メーカーにエンジニアとして勤務。

その後、税理士事務所勤務を経て、1994年税理士登録、1995年独立。

経営と税務のコンサルティング、企業再建、事業承継及び相続対策などを手がける。

税務・会計の専門家として、知識・経験・ネットワークを最大限に活用し、中小企業の経営者に対して、その成長・発展と安定経営のために必要な情報を、タイムリーに提供している。

これまで、不動産、食品、卸・飲食など様々な業種の中小企業あるいはベンチャー企業の社長に対して、22年間にわたり約400社の経営指導を手掛ける。

創業者や事業承継者を対象に月4回、会社経営に関しての実践的な、経営戦略の勉強会を開催している。

本書が初の著作となる。

●連絡先　info@mag-acctg.jp

社員《しゃいん》10人《にん》の会社《かいしゃ》の
1人《り》当《あ》たり経常《けいじょう》利益《りえき》倍増《ばいぞう》ノート　〈検印省略〉

2018年 10月 11日 第 1 刷発行

著　者――曲渕 博史（まがりぶち・ひろし）
発行者――佐藤 和夫

発行所――株式会社あさ出版
〒171-0022 東京都豊島区南池袋 2-9-9 第一池袋ホワイトビル 6F
電　話 03 (3983) 3225 (販売)
03 (3983) 3227 (編集)
F A X 03 (3983) 3226
U R L http://www.asa21.com/
E-mail info@asa21.com
振　替 00160-1-720619
印刷・製本 美研プリンティング(株)
乱丁本・落丁本はお取替え致します。

facebook http://www.facebook.com/asapublishing
twitter http://twitter.com/asapublishing

ISBN978-4-86667-087-4 C2034